キャンプ気分ではじめる

おうち防災
チャレンジBOOK

鈴木みき　登山イラストレーター・防災士

X-Knowledge

はじめに

「防災」「災害」「警戒」……
なんだか物騒な感じがする字面ですが
以前より見たり聞いたりする回数が増えたように感じます。

いや、たぶん以前から変わっていないのかも。
私が地震での在宅避難を経験して、
それらが「他人事」ではなく「自分事」として
捉えられるようになったから、そう感じるだけかもしれません。

「アウトドア」「キャンプ」「ハイキング」……
これらも最近メディアでよく取り上げられるワードです。
興味を持っている人も増えているのではないでしょうか。

私は山歩きなどの、リュックサックを背負っていくような旅が好きで、
その楽しさや気持ちよさを伝える本を書いています。
だからこちらも「自分事」として長いあいだ携わってきました。

「防災」と「アウトドア」……
一見、ネガティブとポジティブな印象を相反しているような2つの事柄が
どちらも「自分事」となったとき、私はあまりの共通項の多さに唸りました。
そして、アウトドアを経験してきたことに感謝しました。

誰にとっても「防災」は必要だと考えます。
でも、正直な話、自分や身近な人が被害が遭わない限り
「自分事」にはなりにくい。
それがいまひとつ「防災」が普及しない原因だと思っています。

でも「キャンプしよう」と言われたらちょっとやってみたくないですか？

私のように、アウトドアを楽しんでいるうちに
勝手に防災の土台ができてるってことがあるんです。

とはいえ「アウトドア」だってハードルが低いとは言い切れませんよね。
だから今回は「おうち」のなかで、「キャンプ」のイメトレをしながら
「在宅避難」に備えるチャレンジを考えてみました。

「おうち防災」は防災のなかでも、
もっとも身近で、もっとも簡単ですが、もっとも重要です。

楽しみながらチャレンジしてもらえたら
「キャンプデビュー」も「防災」もグッと近づきますよ。

Contents

ブックデザイン　菅谷真理子（マルサンカク）
印刷・製本　シナノ書籍印刷

1章

おうち防災チャレンジのススメ

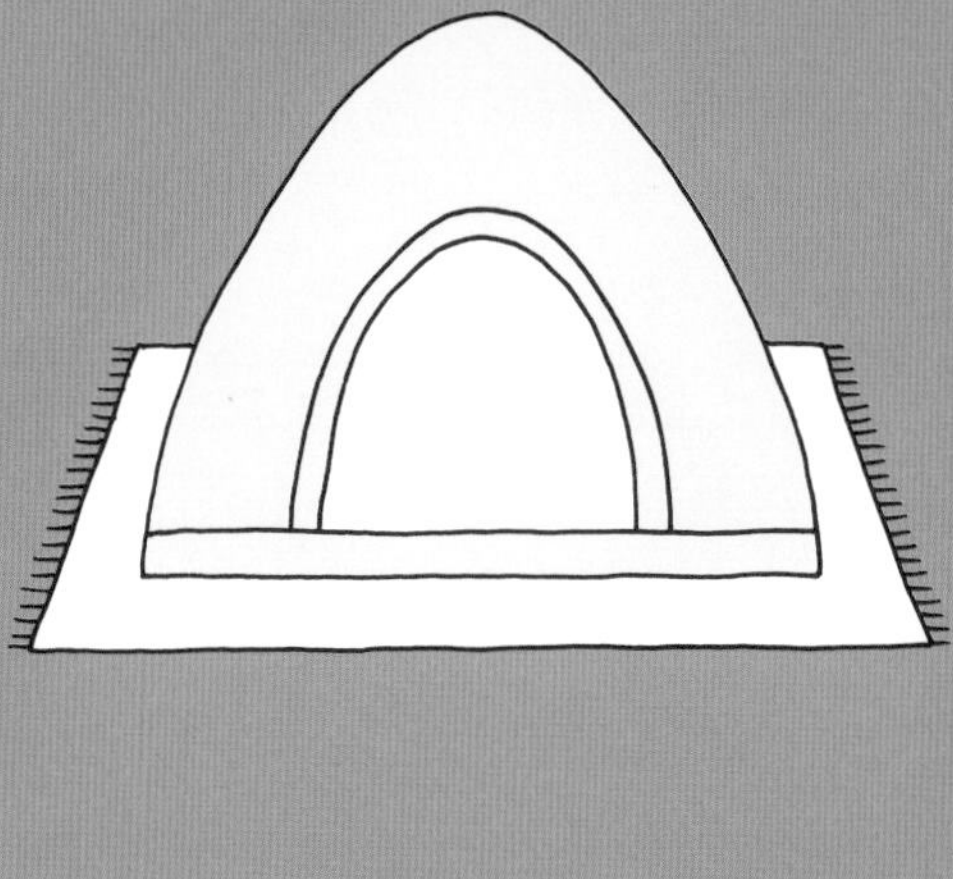

「おうち防災」してみませんか?
こんにちは
アウトドアをたしなんでいるイラストレーターの鈴木みきです防災士でもあります
いきなりですが最近「在宅避難」という言葉をよく耳にしませんか?
「在宅避難」とは地震や台風などの災害時に避難所ではなく「自宅」で避難すること
STAY HOME
ひと昔前までは「避難所」に避難することが「避難行動」と思われてきましたが今では「在宅避難」も立派な避難行動として推奨されています
避難所の密回避
都市部の避難所不足
推奨されている理由
高齢化
過疎化
とおい…

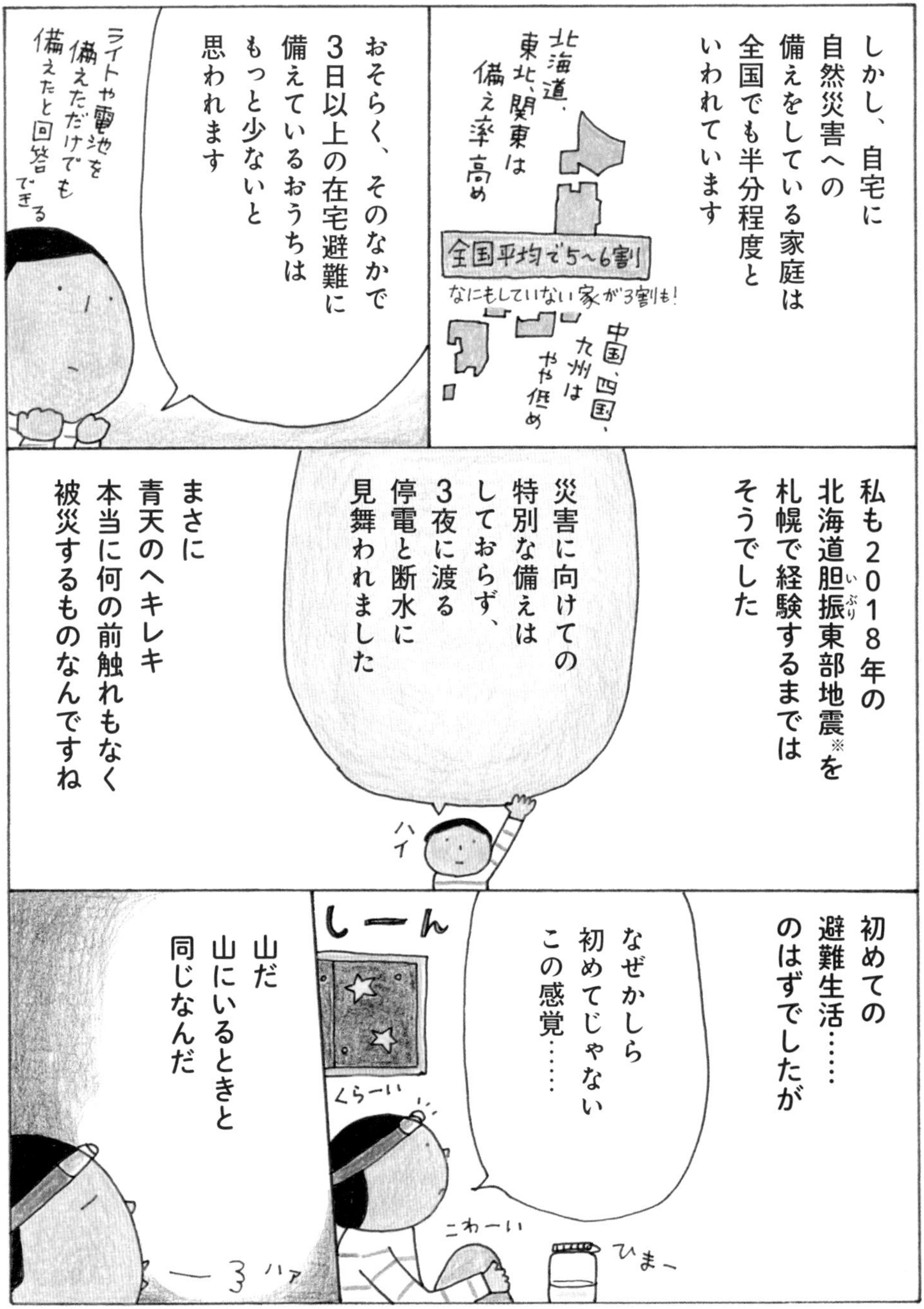

※2018年9月6日に発生した最大震度7の地震。それにより全道停電となった

そうなのです
アウトドアの世界では
山に限らず海も川も
人が持ち込まなければ
電力はなく
一部のキャンプ場や
山小屋を除いては
上下水道もありません
私はこれまで
そのような場所に旅をして
山に登ったり
キャンプしたりすることを
楽しんできました
ヤッホー
だからこの状況に
身に覚えがあるというか…
抵抗がないと思ったら
そのおかげか…
自分のアウトドアの経験が
被災したときに
こんなに役立つとは――
棚から
ぼたもち!
ええ、それは
まさにもう
とはいうものの
アウトドアの場合は
「水」「電力」「燃料」
そして「食料」を
用意して出かけます
どこで
なにを

備え付けの
キッチンも
ないですから
鍋・釜・皿類も持参
何日間も野外で
過ごすための
ウエアや
寝具選びも
大事です
着のみ着のまま いくとしつき
そこに潜む危険に
対処するグッズも
忘れてはなりません
つまり
アウトドアへは
事前に必要な
道具や物を揃えて
向かえるわけです
なぜ持っていくか
そこに何も
ないからだ
しかし
災害が起きるのは突然
ここが大きな差でした
使えるものがあるのに
使えないやるせなさ……
あ、これも使えないのか…
ポチッ
使えなくなってわかる
「使えなくなったもの」の
便利さとありがたみ
初めてなら 不便を越えて ショックかも
「水道」「電気」「ガス」
どれかひとつでも
止まったら、アータ……
何が使えなくなるのか
想像することも
普段はないですよね
代表的なものを
まとめてみました
次ページへ

おうちが停電になると使えなくなるもの

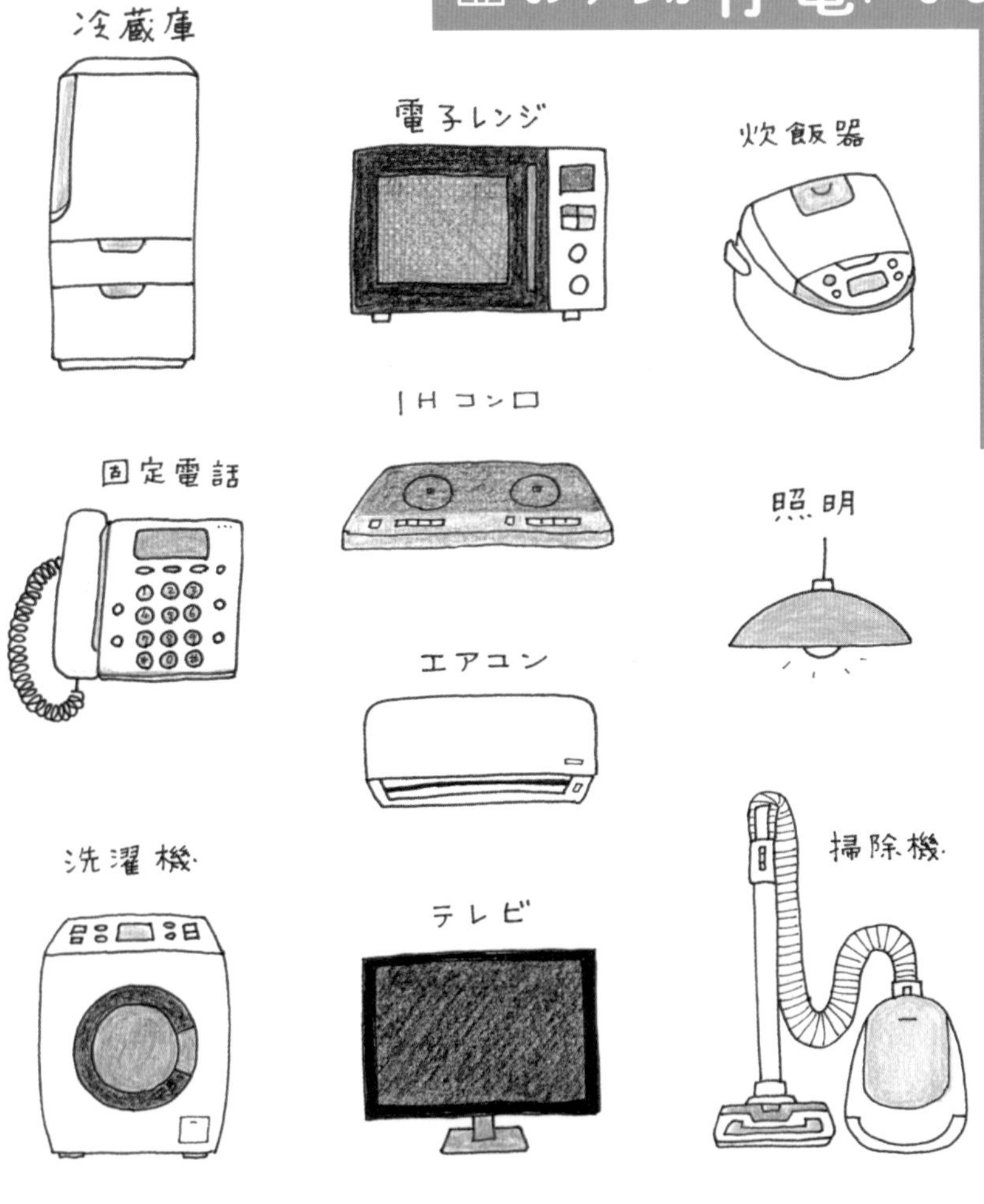

冷蔵庫
電子レンジ
炊飯器
IHコンロ
固定電話
照明
エアコン
洗濯機
掃除機
テレビ
エレベーター
スマホなど
各種充電
モデム・ルーター
建物によっては
水洗トイレ
ウォシュレット

おうちが断水になると使えなくなるもの

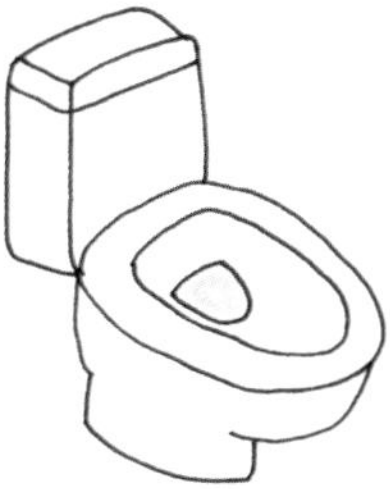
水洗トイレ

シャワー・お風呂

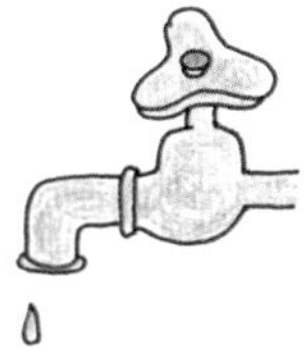
水道

停電ではなく水道管破損が原因の断水は長期間復旧しない可能性大

飲み水も
調理する水も
出ないということ

おうちが断ガスになると使えなくなるもの

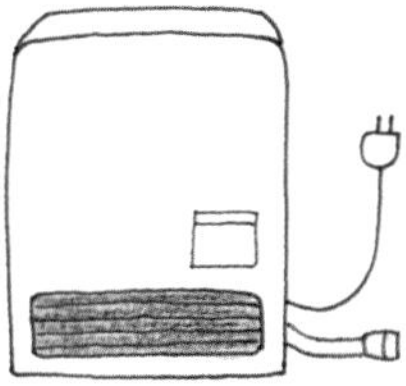
ガスファンヒーター

ガスストーブ

ガスコンロ

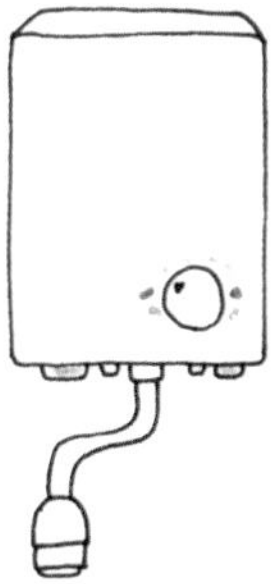
ガス
給湯器

災害で「ガスだけ」が使えなくなることはまれですが、停電・断水との相互関係で使えなくなる機器は多いです

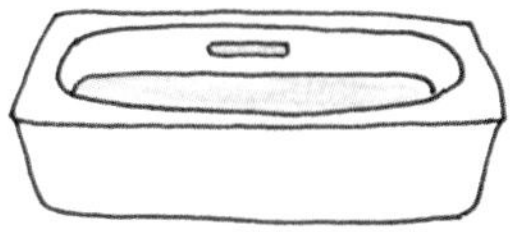
温かいお風呂・追い炊き機能

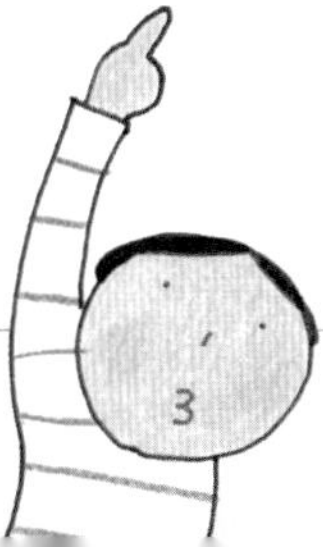

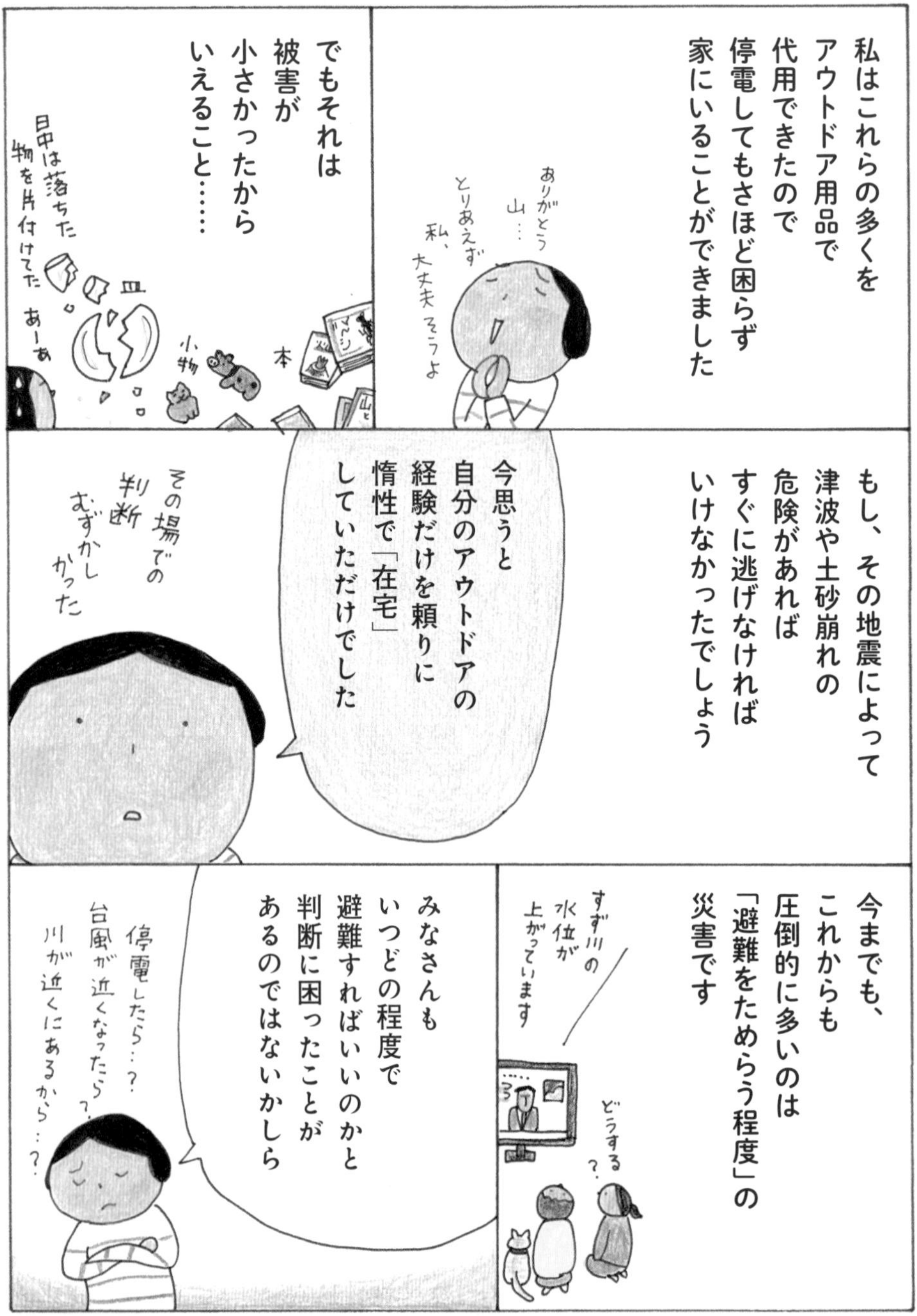
私はこれらの多くを
アウトドア用品で
代用できたので
停電してもさほど困らず
家にいることができました
ありがとう 山…
とりあえず 私、大丈夫そうよ
でもそれは
被害が
小さかったから
いえること……
日中は落ちた物を片付けてた
あーあ
皿
小物
本
もし、その地震によって
津波や土砂崩れの
危険があれば
すぐに逃げなければ
いけなかったでしょう
今思うと
自分のアウトドアの
経験だけを頼りに
惰性で「在宅」
していただけでした
その場での判断 むずかしかった
今までも、
これからも
圧倒的に多いのは
「避難をためらう程度」の
災害です
すず川の水位が上がっています
どうする？
みなさんも
いつどの程度で
避難すればいいのかと
判断に困ったことが
あるのではないかしら
停電したら…？
台風が近くなったら…？
川が近くにあるから…？

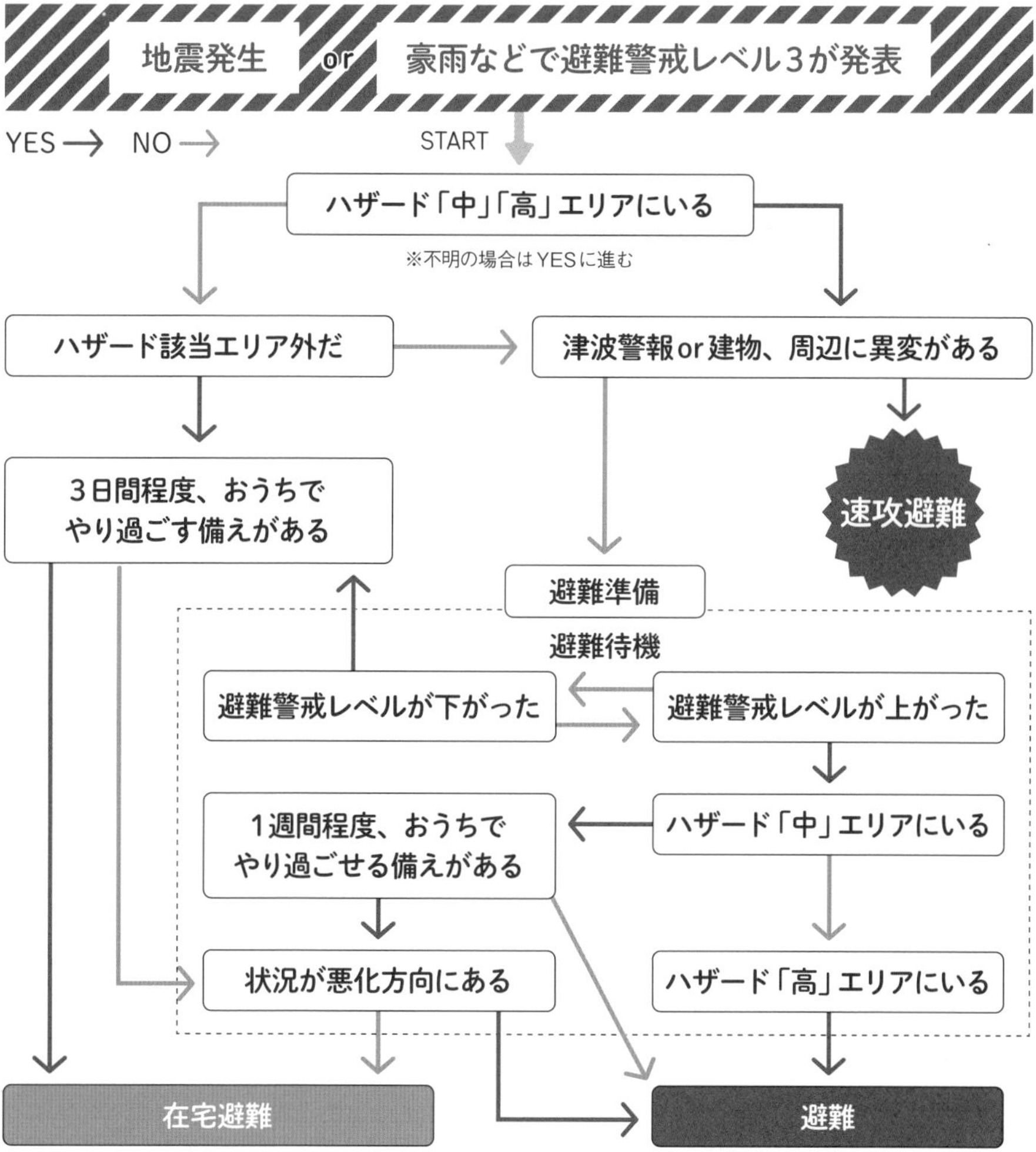

※災害規模、家族構成、心理的条件によって個人差があります

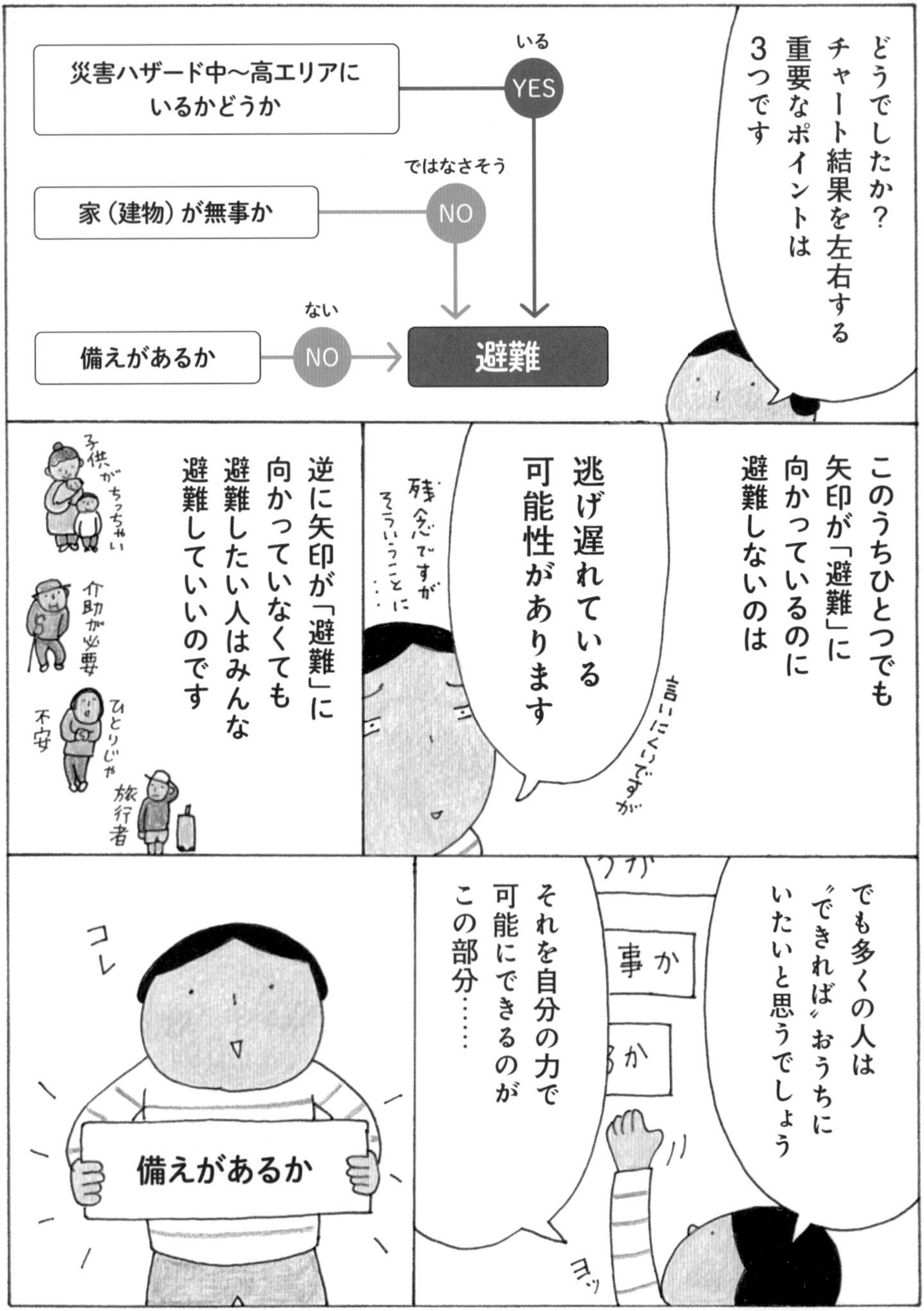
どうでしたか？
チャート結果を左右する
重要なポイントは
3つです
災害ハザード中〜高エリアに
いるかどうか
いる
YES
家（建物）が無事か
ではなさそう
NO
備えがあるか
ない
NO
避難
このうちひとつでも
矢印が「避難」に
向かっているのに
避難しないのは
逃げ遅れている
可能性があります
言いにくいですが
残念ですが
そういうことに…
逆に矢印が「避難」に
向かっていなくても
避難したい人はみんな
避難していいのです
子供がちっちゃい
介助が必要
ひとりじゃ不安
旅行者
でも多くの人は
〝できれば〟おうちに
いたいと思うでしょう
それを自分の力で
可能にできるのが
この部分……
ヨッ
コレ
備えがあるか

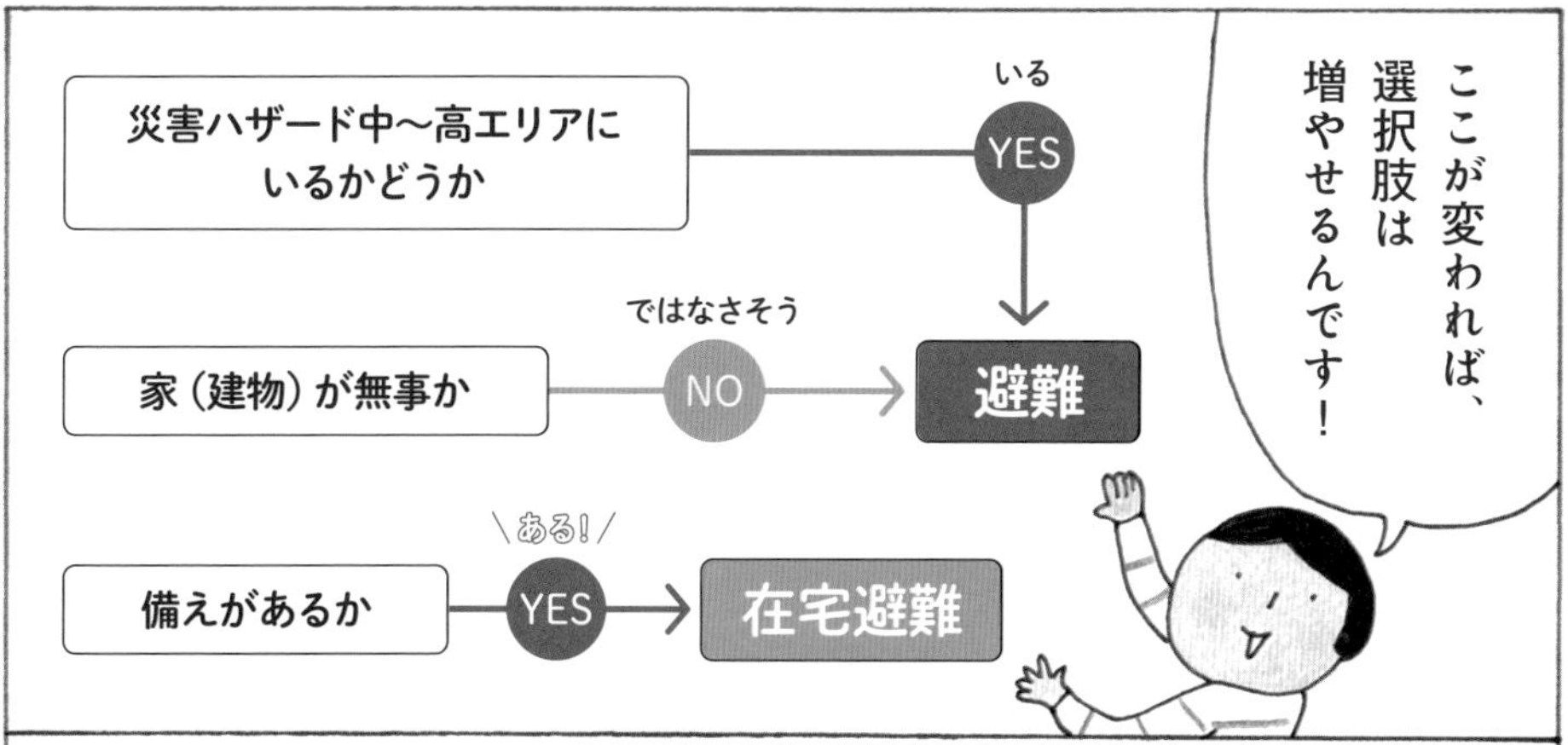
ここが変われば、
選択肢は
増やせるんです！
災害ハザード中〜高エリアにいるかどうか
いる
YES
避難
家（建物）が無事か
ではなさそう
NO
備えがあるか
ある！
YES
在宅避難

在宅避難のメリット

- プライバシーが保てる
- なにかしらの食糧がある
- なにかしらの着替えがある
- 避難所で密にならない＋密にさせない
- 周囲に気をつかわない＋つかわせない
- 慣れている場所にいる安心感がある
- 家族やペットと一緒に過ごせる　など…

在宅避難のデメリット

- 情報が得にくい
- 孤立しているので不安がある
- 協力者がいない
- 救助が遅れがち（※場合による）
- 救護物資が届かない（※場合による）
- 自己責任への重圧　など…

在宅避難できる条件は
立地が災害ハザードエリアではなく
建物が無事であることが大前提です

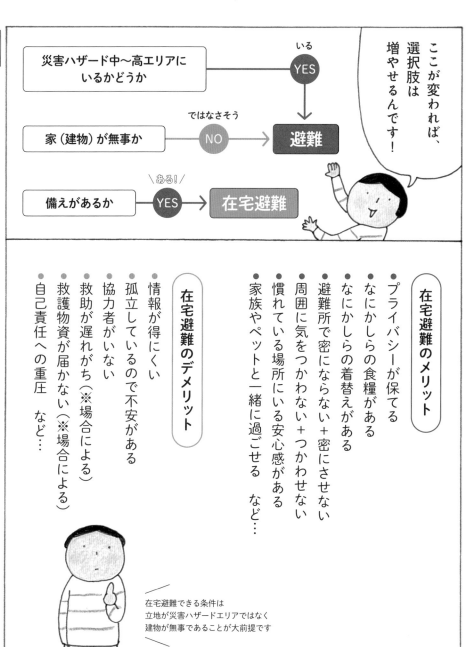

何を優先するかは人それぞれですが私はメリットの方が上回るので被災後から在宅避難できるように「おうち防災」を始めました
「ためらう程度」のとき自信をもって在宅したいですから
もし、一時的に避難したとしてもおうちに備えてあれば早めに在宅避難に切り替えられますしね
住む場所やおうちを変えるのは大変ですが「備え」ならすぐ自分で始められます
引っ越し？
建てかえ？
免震・耐震改修？
そこで！
キャンプなどのアウトドアも一緒にはじめてみては!?
せっかく備えるなら防災と兼用できるアウトドアグッズを揃えつつゆくゆくは実際にアウトドアキャンプに行くという防災計画はどうでしょう
遊んでませーんこれは防災デース
避難の練習デース
必要経費デース

目指してほしいのは
日帰りのアウトドアではなく
「キャンプ」
それが防災になるのは
私で実証済み
とはいえ
それだけでは足りない
防災に関する
知識やグッズが
あったのも事実です
あと2日停電したら避難所に行っていたな
というわけで、
鈴木式
2日間でできる
「おうち防災チャレンジ」を
考えてみました
ミキカーン
分け目変えてみた
キャンプ視点による
「在宅避難」のための
おうち防災
●おうち防災を
見直したい方
●災害時に在宅避難を
第一候補にしたい方
●夏休みの自由研究
●すでにキャンプ経験が
ある人も
ぜひチャレンジしてみて
ほしいのです
新しい発見が
あるハズ

「おうち防災チャレンジ」の楽しみ方
それでは
これから始まる
「おうち防災チャレンジ」の
楽しみ方を説明します
チャレンジは17個
おうちに
アウトドアのような状況を
再現してやってみます
1泊2日で
チャレンジが完了する
モデルスケジュールで
進行しますが
チャレンジングな あなたと 多忙な あなた 向き
興味のある項目だけ
ピックアップして
ゆっくりとチャレンジ
するもヨシ
お子さんのいる 家族向け
何回かにわけて
少しずつ
コンプリートを
狙うもヨシです
マイペースな あなた向け
すべてのチャレンジが
終わったとき
あなたは「防災」と
「アウトドア」の視点を
兼ね備えた人に
なっているでしょう
趣味と実益
両方ゲット〜
オー
ちなみに1泊2日で
チャレンジする人は
そこそこ忙しいから
がんばって！
おうち防災力が 低いほど時間が かかります
やったるでー
オー

チャレンジに使う防災・アウトドアグッズを現時点でもっていない場合――
①購入してからチャレンジ
まず一通り読んで…
揃えてから
②今おうちにあるものでチャレンジ
あえて買い足さずおうち防災力の現状把握
ポチりたい…
②でやってみたあとに①で再チャレンジするとグッズのすごさがよくわかりますよ
なお「食料品」の補充は日常的な分量・内容にとどめてください
キャンプといえばこれでしょ？肉!!
BBQコーナー
え!!?
日常の食料品在庫でどこまで避難生活が送れるか実感してみましょう
じゃあいつも通り今夜のツマミだけ…からあげ
いえのみコーナー
次に「アウトドアのような状況」づくりですが
これはすなわち「被災した状況」ということでして…
つまり「水」「電気」「ガス」がないテイ

あくまでもテイなので
わざわざブレーカーを
落としたりしなくて
いいですよ
ん？
落としかったら
いいですけど
制限しつつも
ストイックになりすぎず
そのサジ加減は
お任せ
しますが……
キュッ
ヨシ
せめてひとつの
チャレンジ中は
電気や水が
「使えないもの」として
挑戦してみてください
ピッ
全落とし
ですね？
コロナ禍で
「おうちキャンプ」が
増えたとはいえ
ここをアウトドアに
近づける人は
いないでしょうなぁ
やりたい人が
いない
だけか？
でもそうすることで
「アウトドアキャンプ」の
本当の練習になると
思うんです
「おうちキャンプ」と
絶対的にちがうのは
そこですから
いきなり
アウトドアに出て
キャンプデビュー
するより
これをやっておけば
戸惑うことが少ない
と思いますね
うん
うん

各チャレンジの最後には このような記入欄を 設けています
Check!
上手くできましたか？
できた　まあまあ　できなかった
note
がんばったね！
チャレンジが 終わったら ここにチェック！
Check!
Well done!!
チャレンジの結果を 簡単に記録できます
たか？
まあ　できなかった
またその結果を ご自身のSNSに #おうち防災チャレンジと タグを付けて投稿すれば 誰かの防災の参考に なることでしょう
エクスナレッジさんがリツイート
鈴木みき @Mt_suzukimiki ・1時
100均の携帯トイレ、あたりまえだけど 1個100円で売っていた。 家にひとつもない人はとりいそぎ5個 買っておくといいね。マジで。今日中。
#おうち防災チャレンジ
#チャレンジ9
1万　10　1231
あなたの「おうち防災」を どんどんシェアしてね

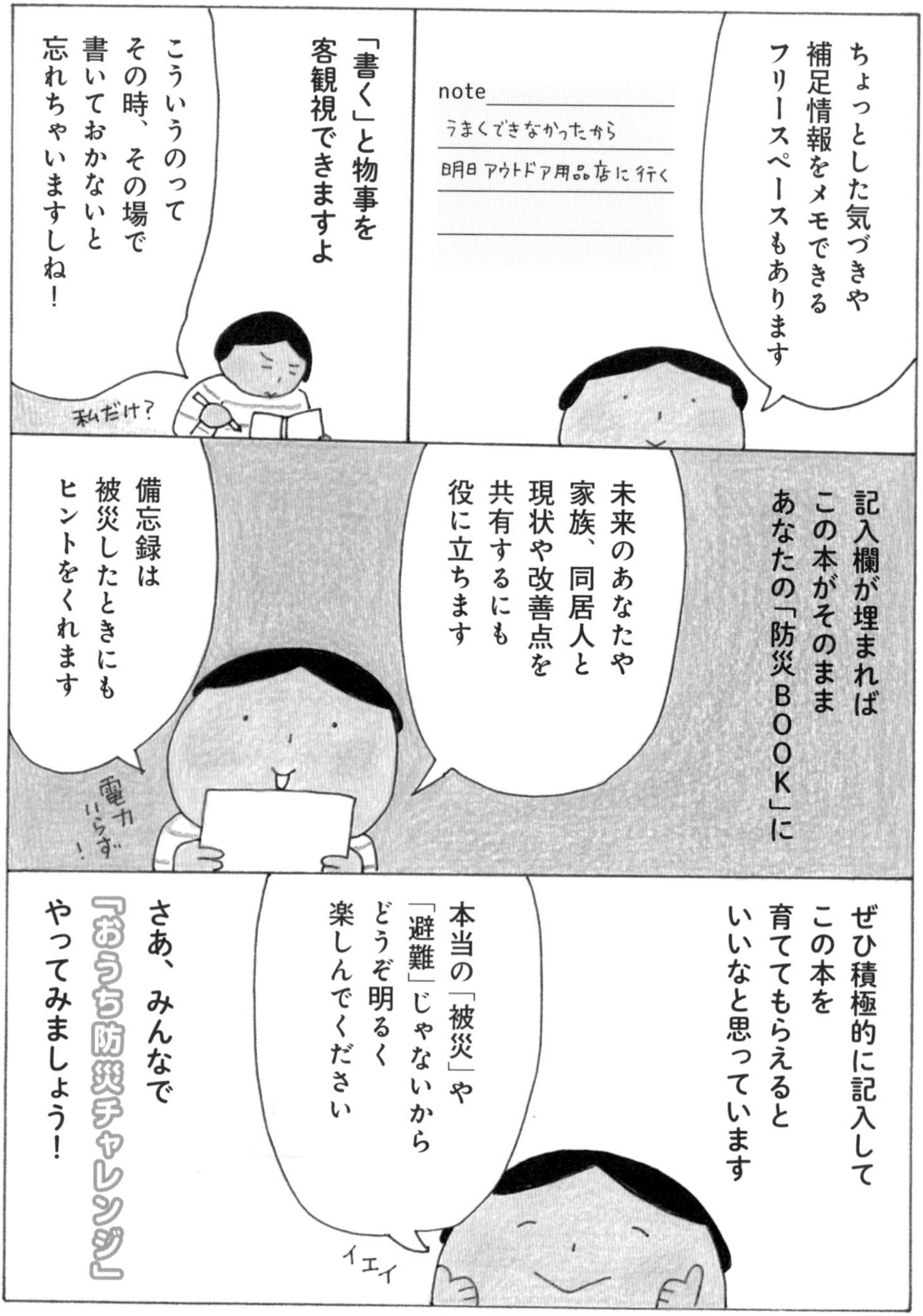
ちょっとした気づきや補足情報をメモできるフリースペースもあります
note
うまくできなかったから
明日アウトドア用品店に行く
「書く」と物事を客観視できますよ
こういうのってその時、その場で書いておかないと忘れちゃいますしね！
私だけ？
記入欄が埋まればこの本がそのままあなたの「防災BOOK」に
未来のあなたや家族、同居人と現状や改善点を共有するにも役に立ちます
備忘録は被災したときにもヒントをくれます
電力いらず！
ぜひ積極的に記入してこの本を育ててもらえるといいなと思っています
本当の「被災」や「避難」じゃないからどうぞ明るく楽しんでください
さあ、みんなで「おうち防災チャレンジ」やってみましょう！
イエイ

2章

やってみよう！
おうち防災チャレンジ

model schedule

モデルスケジュール

こちらが2日間の「おうち防災チャレンジ」のスケジュールです。

チャレンジ達成後にチェックボックスに☑チェックを入れてコンプリートを目指しましょう！

順番を変えたり、日程を分けて個別にチャレンジしてもOKです

チャレンジ前

- グッズの用意 →P.27 ☐
- ハザードマップの確認 →P.28 ☐
- 前日のToDo →P.32 ☐

DAY1

- 01 インスタント商品の並べ替え →P.34 ☐
- 02 冷蔵庫のお掃除 →P.38 ☐
- 03 献立の組み立て →P.44 ☐
- 04 ごはんをつくろう① 水量限定クッキング →P.48 ☐
- 05 ごはんをつくろう② 鍋で炊飯 →P.52 ☐
- 06 ごはんをつくろう③ ポリ袋で炊飯 →P.54 ☐
- 07 ケータイ・スマホを切る →P.58 ☐
- 08 避難場所までおさんぽ →P.62 ☐
- 09 トイレが流れない！① 携帯トイレをつくる →P.68 ☐
- 10 トイレが流れない！② 携帯トイレで「する」 →P.70 ☐
- 「あれば」チャレンジ 11 テントを張る →P.74 ☐
- 12 拭くだけバスタイム →P.78 ☐
- 「あれば」チャレンジ 13 浄水器で浄水する →P.82 ☐
- 14 暗い夜に備える →P.86 ☐
- 「あれば」チャレンジ 15 もう、夜は寝よう →P.90 ☐

DAY2

- 16 寝室の模様替え →P.100 ☐
- 17 感想をまとめる →P.104 ☐

チャレンジ前に

用意するグッズ

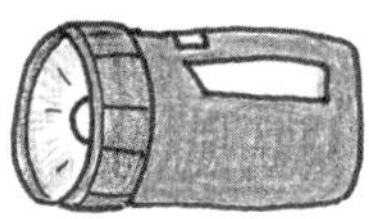

ライト→P.87

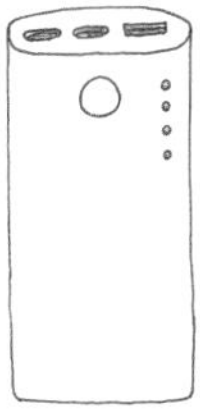

モバイル充電器→P.89

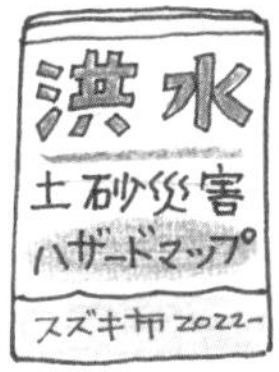

ハザードマップ
→P.28,30,66

カセットコンロ
＋ガスボンベ→P.56
1人1缶以上

耐熱性のポリ袋→P.54
耐熱温度が100℃以上のものを複数枚

飲用できる水→P.84
1人6リットル以上。水道水可

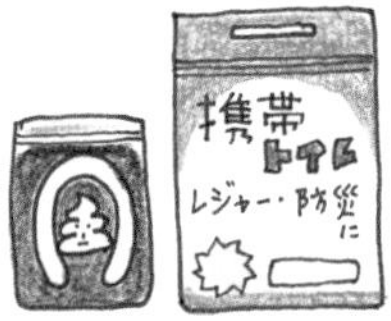

携帯トイレ→P.68,69
1人3個以上。もしくは、手づくりする材料

「あれば」11 13 15 のチャレンジで使ってほしいグッズ

もし、持っていたらチャレンジしてみましょう。
これらはアウトドアキャンプの必需品。ゆくゆくあると重宝しますよ

11 ポータブル浄水器→P.82

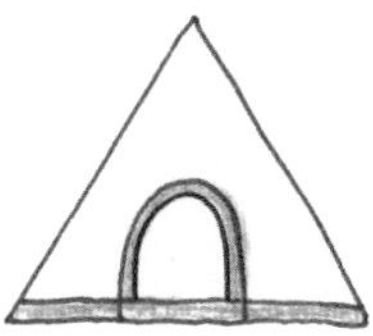

11 テント→P.75

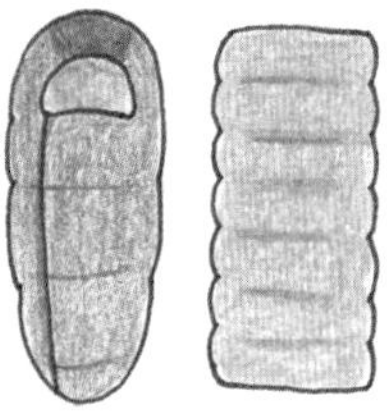

15 寝袋＋マット→P.90

ハザードマップの確認

ハザードマップとは、災害のよって影響が及ぶと想定されるエリアがどこなのか、その危険度がどの程度なのかをシミュレーションした地図です。お住まいの市区町村が、その地域で発生する可能性のある「地震」「洪水」「噴火」などの災害ごとにハザードマップを発行し、各戸に配布しています。

各戸に想定される災害の種類や影響の度合いによって防災の方法は大きく異なります。まずは、あなたのおうちがどういう場所にあるのかを確認しましょう。

STEP 1

ハザードマップからおうちを探す

入手方法の詳細は P.30参照！

ハザードマップは各戸に配布されるほか、市区町村役場や自治体のホームページなどからも入手できます。複数のハザードマップがある場合、それぞれから自宅を見つけてみましょう

STEP 2

想定されるハザードの種類や近隣の避難所をメモする

ほとんどのハザードマップは危険度（ハザード）を色分けで示しています。さて、何色のエリアでしたか？ 左ページの記入欄に書き込んでください

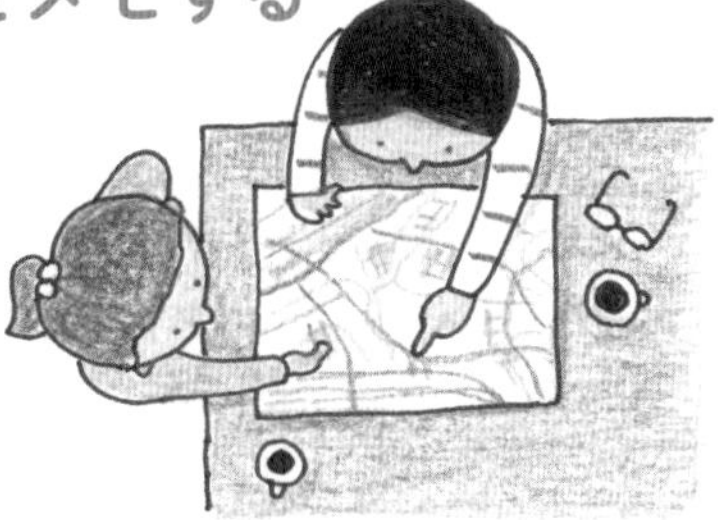

キャンプmemo

あらゆるアウトドア・アクテビティも、まずは地図を広げて行先を決め、目的地がどんな場所か確認します。地図情報からそこにある危険を想定し、ウェアや持ち物を厳選する手がかりとしても活用するんですよ

近くの避難場所をチェック！

最寄りだけではなく、徒歩圏内の避難場所を２ケ所以上記入してください

	近隣の避難場所・一時避難場所名	対応する災害
例	鈴ケ丘公園	洪水
1		
2		
3		
4		

近くの給水所をチェック！

ハザードマップに記載がなければ、後日水道局や役所、建物の管理会社などに確認しておきましょう

1	
2	

Check!

☐ **あなたのおうちに想定される災害とハザードレベル**

当てはまる項目すべてに○をつけてください
高ハザード区域内の場合は◎に

地震　津波　洪水　土砂災害　噴火

その他（　　　　　　　　　　　）

note ________________________________

____

ハザードマップの入手方法と見方

防災の「キホンのキ」。ハザードマップを見ずに防災計画は始まりません。地図が苦手な人もちょっと頑張って広げてみて。近所ならきっとイメージしやすいですよ

ハザードマップの入手方法

全戸に配布されるため、捨てていなければ必ずおうちのなかにありますが、探している時間がもったいないくらい心当たりがない場合、さっさと新しいものをゲットしちゃいましょう！

市・区役所、町・村役場

窓口ですぐにもらえます。入口に他のパンフレット等と一緒に設置されている場合も。移住してきたときと、数年に一度の刷新時に全戸に配布されます

地方自治体のホームページ

ほとんどの都道府県では、ホームページ内でハザードマップを閲覧、ダウンロードできるようにしています。多少画質の問題はありますが、家族分プリントアウトしておくのもいいでしょう

国土交通省のホームページ

自宅以外に、離れて暮らす家族の家、職場などのハザードマップを入手したいときは、全国の市区町村すべてのハザードマップにリンクしている「わがまちハザードマップ」が便利です

わがまちハザードマップ

https://disaportal.gsi.go.jp/hazardmap/

ハザードマップに写真や道路防災情報などを重ねて、より多角的にハザードを知りたい人は、同じく国土交通省ホームページ内の「重ねるハザードマップ」がおすすめ

重ねるハザードマップ

https://disaportal.gsi.go.jp/maps/

ハザードマップの種類と見方

その地域に起こりえる災害ごとにハザードマップがあります。逆にいうと、火山がない、海がないなど、その地域に起こりえない災害のマップは製作配布されません

地震

地震を起こす可能性のある断層や、過去の地震データから想定される最大震度を色分けで表示。それにより建物が全壊する確率や、液状化の危険度も一緒に掲載されている場合も多いです

津波

地形や過去の被害から想定される避難指示区域が色分けで示されています。早急な避難が求められるため、マップには危険度だけではなく、避難場所までの避難経路も掲載されています

洪水

川の氾濫などで想定される浸水区域と、最大水位を色分けで表示。地形や地質、過去の被害実績をもとにシミュレーションされ、信用度が高いといわれています

火山

噴火によって発生した溶岩流や火砕流が、どこまで到達するかの想定を色分けで表示。火山灰の降灰想定範囲もわかります。火山が多い日本では実に102の市町村でつくられています

避難所を探すポイント

洪水マップの例

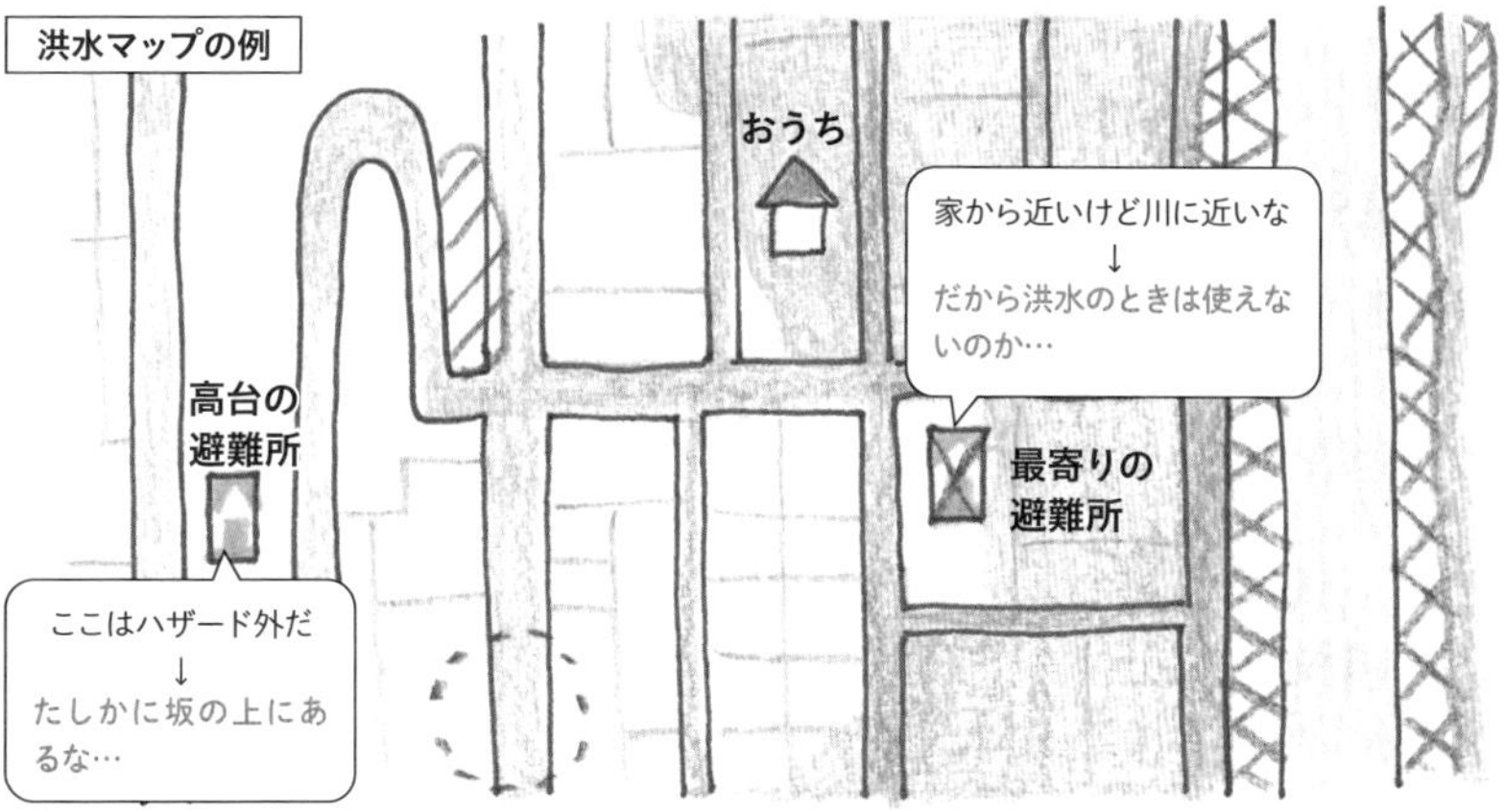
おうち
家から近いけど川に近いな
↓
だから洪水のときは使えないのか…
高台の避難所
最寄りの避難所
ここはハザード外だ
↓
たしかに坂の上にあるな…

凡例

- 指定緊急避難所
- ある災害時には使用できない指定緊急避難所
- 洪水の際に地面が削られるおそれがある区域
- 土砂災害区域
- 内水氾濫の過去浸水実績（区域）

想定される浸水の深さ

- 3.0m～5.0m
- 0.5m～3.0m
- 0.5m未満
- 内水

※凡例は各自治体の発行するハザードマップに順ずる

チャレンジ前に

前日のToDo

グッズを用意して、ハザードマップを確認したら、「おうち防災チャレンジ」の準備完了です。モデルスケジュール通りにチャレンジする人は、前日にこの3つをセットしてからお休みください

Check!

風呂水を貯める

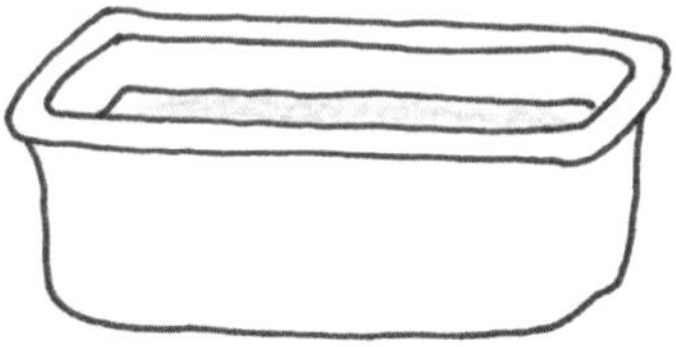

浴槽は小さいものでも満杯にすれば200ℓ以上の水が溜められます。チャレンジ中の生活水はここから使うので、今回は掃除をした上で新しい水を張っておきましょう

Check!

スマホやバッテリーをフル充電しておく

充電できるものは何でもフル充電しておきましょう。電池式の製品はあえて事前に電池を替えずにチャレンジしてみてください

Check!

アラームをセットする

明日アラームが鳴ってから07のチャレンジに進んだほうがリアリティがあっていいと思います。だから今は黙って翌日11:58と14:46にアラームをセット！ 起床時間は9時前を推奨します

おうち防災チャレンジ

DAY1

朝食を食べて、トイレを済ませたら
キャンプ気分で「おうち防災チャレンジ」START！

01 インスタント食品の並べ替え

この本では「鍋を汚さず食べられるもの」をインスタント食品とします

常温で長期保存できるインスタント食品、何気にストックしていますが、避難生活には欠かせない立派な「防災食」です。だからといって、ありすぎるのも問題。いざ出番がきたときに期限切れで、お腹でも壊そうものなら避難生活のストレスを増やすだけ。特別に購入した防災食より、普段から食べるインスタント食品を、適正量をキープしながら食べ回す、「ローリングストック」が賢い選択。目安は1人10食分。さて、何食分あるか確認してみましょう。

STEP 1 インスタント食品を集合させる

散らばったまま保管していると、存在すら忘れることも…

STEP 2 仕分ける

カップラーメン

レトルト食品（丼もの、パスタソース）

袋麺など

缶詰

STEP 3

賞味期限順に並べて保管する

期限が近いものを、取り出しやすい順に並べます

賞味期限が印字されている面を上部にすると確認しやすいですよ

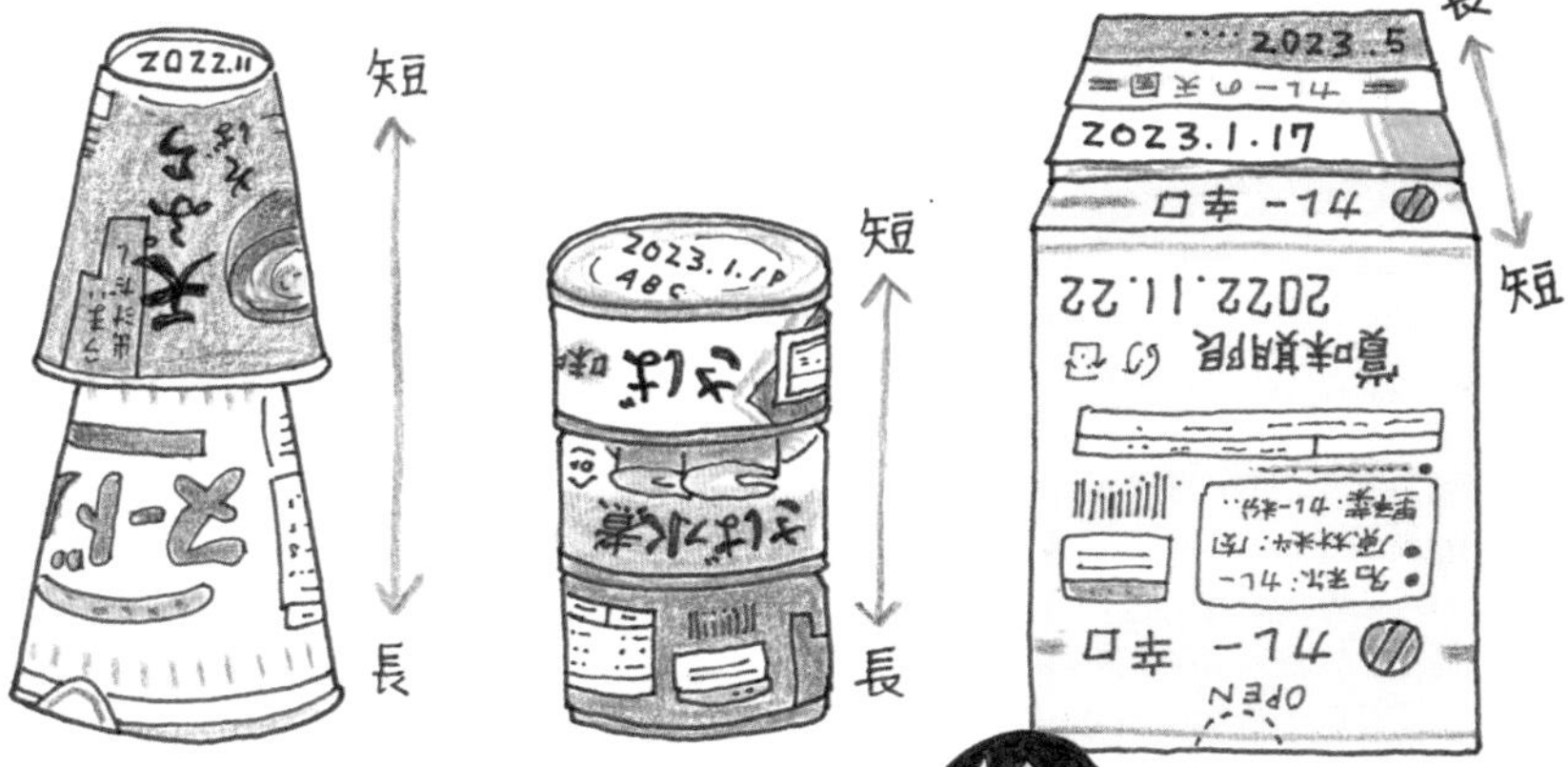

体調に影響があるような期限切れは「ゴメン、これから気をつける」と言って処分すること！

Point
プライオリティBOXをつくる

近々に食べる必要のあるものは一箇所に集め、見える場所に置いて食べ忘れないようにしましょう。「見える化」で、フードロスも減らせますよ

キャンプmemo

アウトドア・アクティビティにもってこいのインスタント食品。外で食べるインスタントものって、なぜかとても美味しいんですよね。ローリングストックのサイクルにアウトドアが加わることで、換気のいいローリングになります

Check!

☐ **保存食は何食分ありましたか？**

レトルト＿＿＿＿食分　カップラーメン＿＿＿＿食分

缶詰＿＿＿＿個　袋麺＿＿＿＿食分

☐ **今回の期限切れレコード**

商品名＿＿＿＿＿＿＿＿＿＿

＿＿＿＿年＿＿＿＿月＿＿＿＿日

期限切れてなかった？えらい！

01

おすすめの保存食

少々高かったし、保存期間は2年以上と長いし…と、もったいぶりがちな「非常食・防災食」ですが、これからの「非常食・防災食」は「日常的に消費できる保存食」で揃えましょう。

炭水化物

エネルギー源となる炭水化物はしっかり取り入れたいもの。アウトドアでも便利な軽量の食材を紹介します

アルファ米

お湯や水を注いで待つだけで食べられる山食の定番、特殊な方法で乾燥（アルファ化）させたお米は、元々は防災食として開発されました。メーカーも味付けも豊富に選べて、アウトドアショップで手軽に買うことができます（1食分400円前後）

Onisi
2027.10
尾西の
白飯
水またはお湯を注いで
アルファ米
長期保存
260g

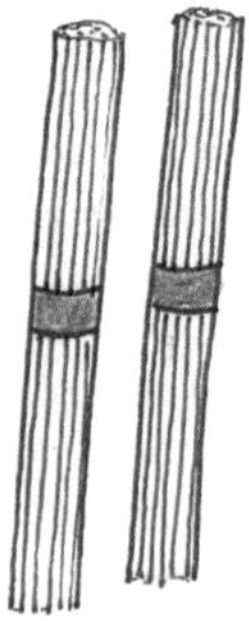

そうめん

すぐ茹で上がり、茹で汁の濁りや塩味が少ないので、そのままスープにできるのが利点です

小麦粉

小麦粉

水と混ぜて変幻自在。茹でても焼いても包んでも、甘くもしょっぱくも工夫次第！

クスクス

世界最小の粒状のパスタ。お湯を注いでかき混ぜるだけ。カレーなどにもよく合います。イチオシ！

（実物大です）

オートミール

ミルクやスープで戻すと食べやすい◎そのままでも食べられるシリアル類は栄養価が高く重宝します

すぐにお腹が減る
パンよりも腹もちの
よいものを！

野菜

避難生活や長期に及ぶアウトドア活動では、野菜が不足しがち。
インスタント食品に積極的に加えて栄養を補いましょう

干し野菜

自家製でも作れますが、市販の「干し野菜ミックス」が何かと使いやすくて便利です

乾燥ワカメ

昆布、ひじき、干し椎茸なども食物繊維やミネラルが豊富。うま味も出て、優れた食材です

野菜ジュース

そのまま飲んでも、スープの水分として使うこともできます。常温保存可能なものを選んで

この他にも切り干し大根、
春雨、高野豆腐…
乾物はナチュラルな
防災食の宝庫です

肉・魚・たんぱく質

元気に欠かせないたんぱく質や脂質。冷蔵・冷凍保存に頼らず、
こんな保存食でも摂取できることをお忘れなく

鰹節

高たんぱく、低脂肪。加えて体内では作れない必須アミノ酸が勢ぞろい。なににでもトッピングしましょう

魚の缶詰

ツナ缶、サバ缶、サバみそ缶…そのまま食べても、具材にしてもOK。油分や調味液も余さず生かす調理方法を

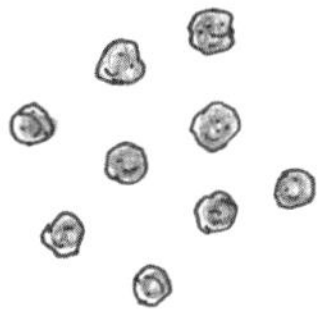

大豆ミート（乾燥ミンチタイプ）

ミンチタイプなら、わざわざ戻さなくてもラーメンやレトルトに放り込むだけでOK

豆乳

開封前なら常温で長く保存できます。飲みきりサイズをストックしておけば、開封後の消費に追われない利点も

デザート・おやつ

普段あまり甘いものを食べない人も、避難中の不安を落ち着かせる
ために糖分は有効です。定期的にリラックスタイムを取りましょう

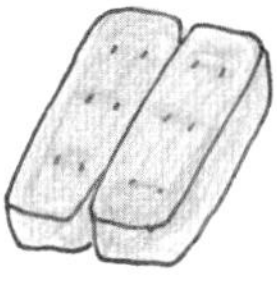

バランス栄養バー

カロリーも栄養も摂れ、食欲がないときにも役立ちます。アウトドアの非常食でも定番

ようかん

食べるとスッキリと元気が出るような気がします。腹もちもよく、保存もききます

黒糖

ミネラル豊富、体内吸収がいいブドウ糖は疲労回復に。おまけに腸内環境も整えてくれます

02 冷蔵庫のお掃除

STEP 1
庫内のものをすべて出す

段階的にでも構いません。
さあ、勇気を出して！！

冷蔵庫で使える市販の「拭き取り用お掃除シート」が、「面倒くさい」ハードルを下げてくれるのでおすすめ！

STEP 2
汚れている箇所だけでもお掃除

掃除に水を使う場合は風呂水を汲んで使って下さい

STEP 3
賞味期限をチェックしながら食材を入れ戻す

冷蔵庫に食品を詰め込み過ぎると、冷気の流れが悪くなり電力消費もUP。お掃除は節電にも効果的ですよ

多くの野菜や果物は常温保存でOK！

普段は当たり前に冷えている冷蔵庫も、停電になれば「ただの箱」です。たとえ開閉しなくてもたった1日の停電で庫内の温度は外気に近くなり、冷凍品もほとんど融けてしまいます。ダメになったら捨てればいいと思うかもしれませんが、災害時にゴミ収集車は来ません。日頃から「生鮮食品を買い溜めない」「開封したら早めに使い切る」「消費期限を守る」ことも立派な防災になります。電気の力で賞味期限をねじ伏せているものがないかチェックしましょう。

防災memo

食品が互いに保冷効果を発揮する冷凍庫に比べ、冷蔵庫は停電してから"開閉しなくても"半日後には庫内温度が14℃近くまで上がったという実験結果も。取り急ぎ、冷蔵必須の選ばれしものだけを冷凍庫に移すと同時に、凍らせた保冷材を冷蔵庫に移すと、相互に時間が稼げます

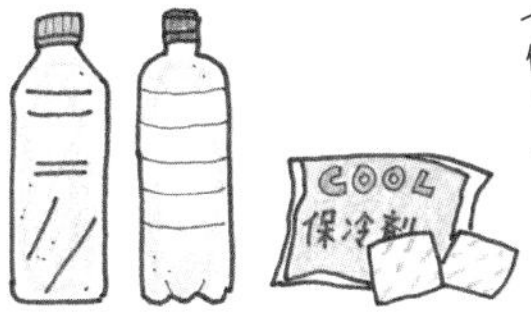

保冷剤と合わせて、ペットボトルに入れた水を凍らせて常備しておこう！ 解ければ水としても使えて一石二鳥！

キャンプmemo

キャンプでは、保冷剤を入れたクーラーボックスを冷蔵庫代わりにします。諸条件にもよりますが、停電時の冷蔵庫よりもむしろ長時間保冷できます。大型のクーラーボックスがあれば、在宅避難でも役立つこと間違いなしです

私の家では、釣り用のクーラーボックスを野菜庫として使っています！

Check!

買い物の仕方を見直すチャンス！

- ☐ **何日分の食料が入っていましたか？** ＿＿＿＿日分
- ☐ **おうちの冷蔵庫の内容量は？**
  詰め込みがち　　適量　　物足りないかも
- ☐ 停電になったとき最優先で食べる食材＿＿＿＿
- ☐ 冷蔵庫から発掘された化石＿＿＿＿

02 食材延命レシピ 漬ける

もし停電したら、冷蔵庫の中の食材は最大の悩みのタネになるでしょう。24時間以上停電が続きそうだな……というときに試してほしい食材の延命処置です。

漬ける

肉、魚、野菜……。
とりあえず足が早そうな食材は、塩、味噌、しょうゆ、酢、オイルのいずれかに漬けこんでしまいましょう

豚肉の味噌漬け

味噌でコーティングすることで、生の素材でも延命できます。
おまけに酵素の働きで調理しても硬くならず旨味もアップしますよ

【材料と作り方】

1

ポリ袋に水気を拭いた豚肉、味噌（たっぷりめ）、砂糖、酒かみりん、（お好みで）にんにくかショウガを入れる

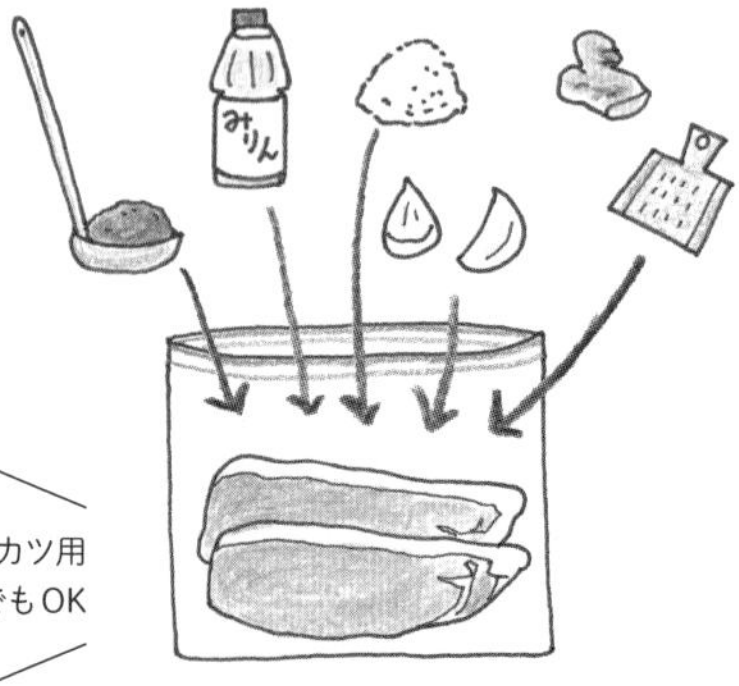

コマ、バラ、トンカツ用
なんでもOK

2

調味料で肉全体を包むようなイメージで少し揉み込むようにして、平らにならす。できるだけ空気を抜いて封をし、冷暗所で保存する

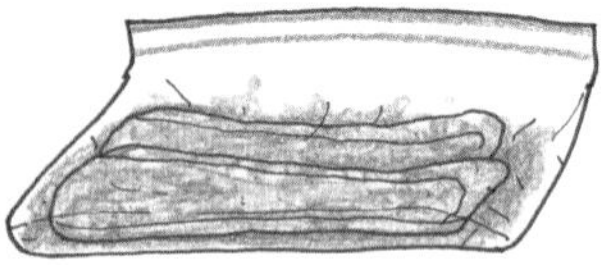

焼いて食べると
おいしい！

※季節・地域・個人の胃腸にもよりますが、1～2日以内には加熱調理してください

キャンプmemo

キャンプでは、気温差のある環境に食材を持ち出すので、嗅覚、味覚、第六感をフル動員して消費期限をチェックすることが求められます。あるいは、ちょっとやそっとじゃ動じない免疫力や、快調な腸内環境を日ごろから培っておくことも大切かもしれません。ここで紹介しているメニューのように、事前に食材の保存がきくように工夫するのもアウトドアの楽しみのひとつです

きのこのオイル漬け

オイルに浸すことで食材の酸化を防ぎ、延命できます。
きのこの他にも野菜や魚介類（要加熱）などでも簡単にできるのでお試しあれ

【材料と作り方】

1

きのこ類（しめじ、えのき、エリンギなど。水分が出ていたら適宜拭き取る）の石づきを取ってほぐす

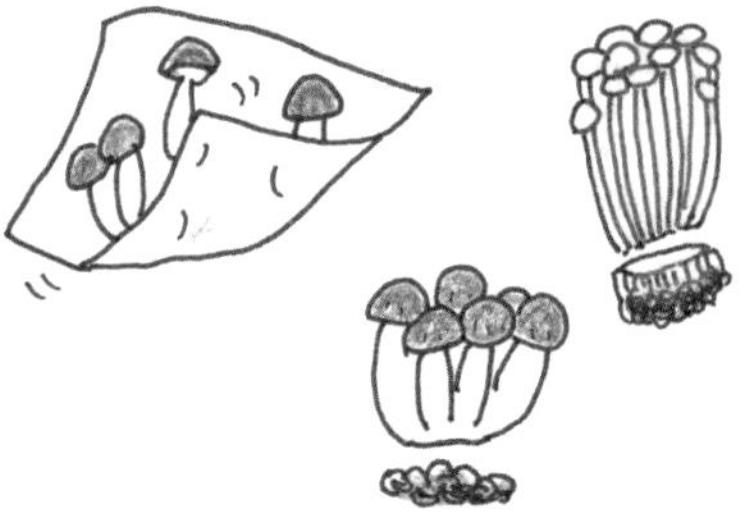

2

ポリ袋に❶、ニンニクスライス、鷹の爪、（お好みで）ローリエやローズマリーなどのハーブを入れる
★火が使える状況なら、すべての材料をオリーブオイルで炒める

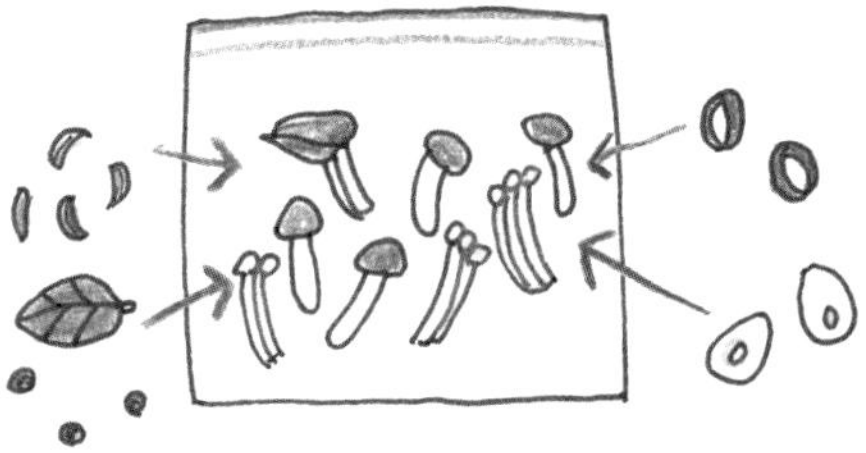

3

ひたひたになるまでオリーブオイルを注ぐ。ポリ袋の空気を抜き、封をして冷暗所で保存

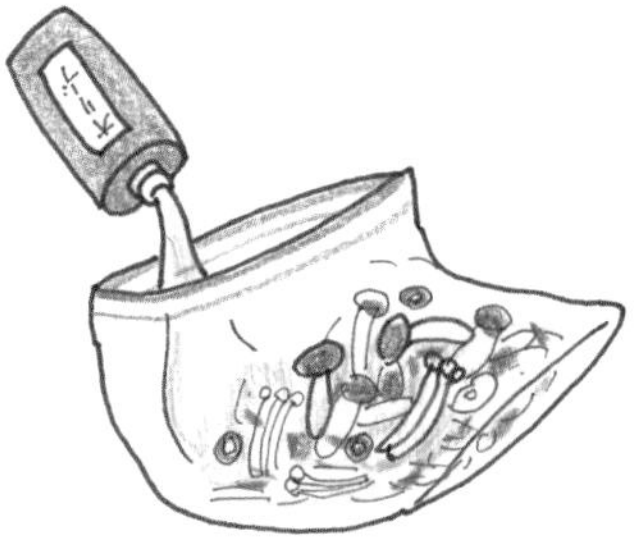

4

加熱して食べる

Point

冷暗所とは？

食材を日持ちさせるには、温度差を生じさせないことが大切。冷蔵庫のように冷やせなくても、日中に気温が上がりにくい場所を見つけましょう。たとえば北側の部屋、上の棚より下の棚など。暖かい空気は上にいくので、床に近いほうがいくらか冷えています

02

食材延命レシピ 干す・燻す

冷蔵庫のない時代のトラディショナルな保存方法といえるでしょう。時間がかかるのでいいヒマつぶしにもなりますよ。

干す

食品の腐敗やカビを引き起こす立役者は「水分」です。
だから乾物は長期保存がきくのです。
好天が続きそうな日取りで挑戦してください

基本の干しかた

プチトマト
大根
にんじん
玉ねぎ
葉物
えのき

1

野菜、きのこ類を乾きやすい大きさにカットする

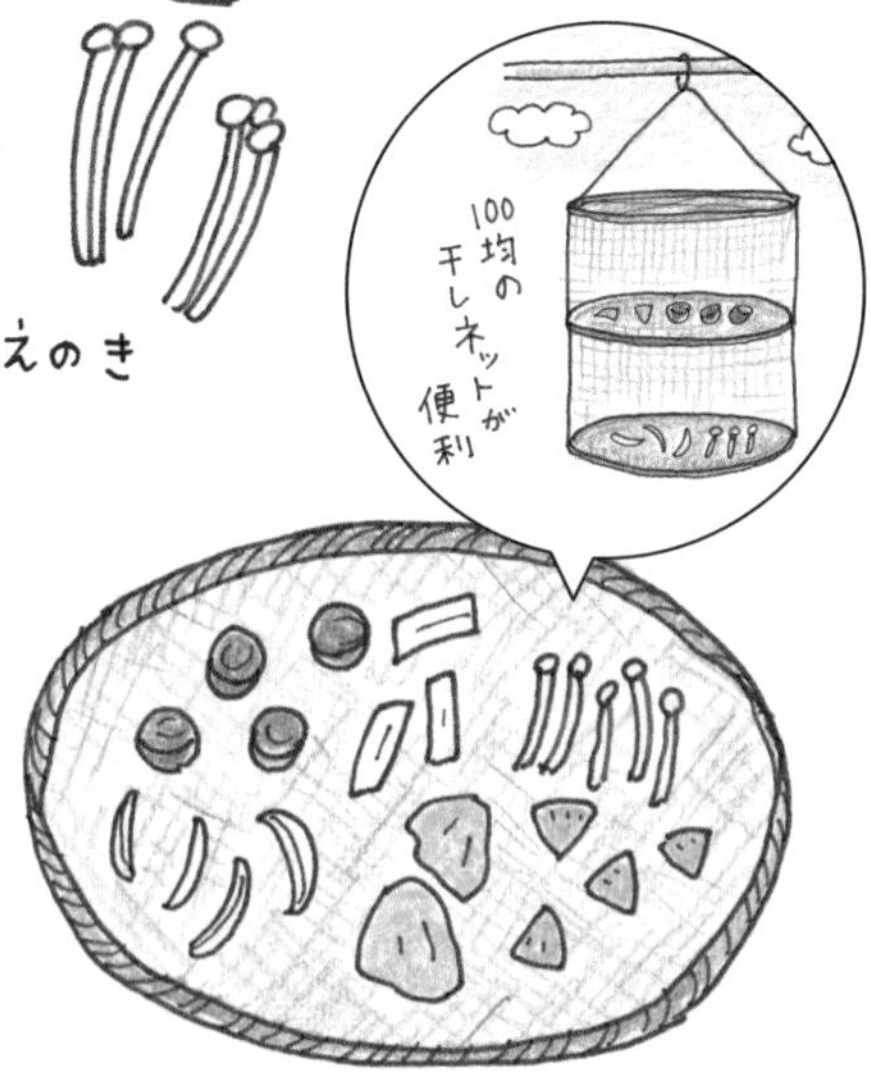

100均の干しネットが便利

2

重ならないようにザルに並べて、風通しのいい場所で天日にあてる。たまにひっくり返したり、位置を変えたりする。季節や天気によるが、2〜3日でいい感じに仕上がる。各食材と対話しながら干し時間を加減して

★完全に乾いたほうが保存が効くので、干す時間が長い分にはOK

干し野菜は、お味噌汁の具にしたり、煮たり、そのままポリポリ食べても甘くておいしいよ！

燻す

キャンプでも巷でも人気の「燻製」。おうちでもできます。
保存を重視するなら、燻し時間を長めにするか、
燻したあとに干して水分を抜くように仕上げてください

基本の熱燻製

チーズ
肉
ゆで卵、ナッツ類、醤油、オイルなんかを燻してもおいしい〜
ウインナー
魚（下処理済）
ちくわ
ブロッコリーもイケる！

1

燻したらおいしそうだと思う食材を食べやすい大きさにカット

2

肉や魚は塩（お好みでコショウ）で調味するか、塩分濃度10〜20%の食塩水にハーブやスパイスを入れた調味液（ソミュール液）に漬け込むのもいい。ドレッシング等で代用するのもおもしろい

ドレ
焼肉

3

中華鍋かフライパンの底にアルミホイルを敷き、燻製材（チップ）を一握り置く（油が多い食材ならさらにその上に一枚アルミホイルを乗せる）

アルミホイル
くんせい材

★薫り付けする燻製材（チップ）は、ホームセンターで購入可能

4

❸のうえに焼き網を渡し、食材を並べる

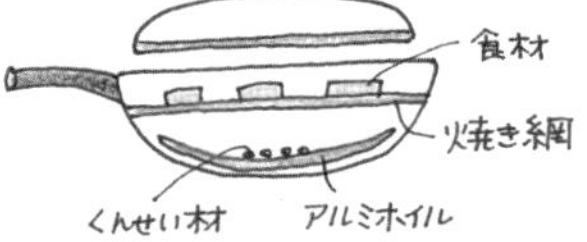
食材
焼き網
くんせい材
アルミホイル

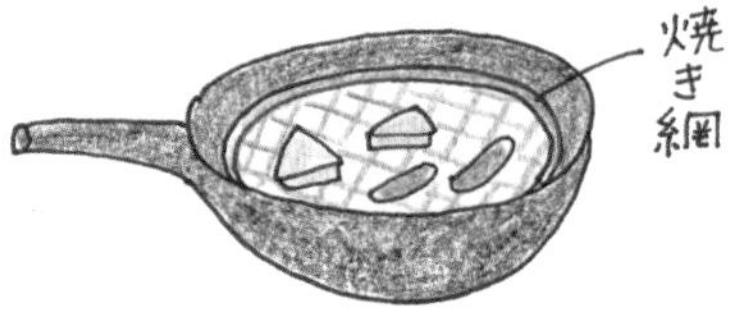
焼き網

5

蓋をして、中〜強火で燻製材から煙を出す。弱〜中火にして10分、火を止めて煙が落ち着くまで待つ。冷めてからポリ袋に移して保存する

もくもく
10分

肉や魚は吊るして乾かせばジャーキーのようになる

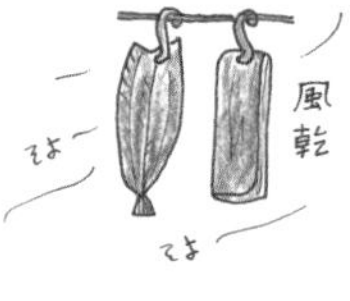
風乾
そよ
そよ

03
献立の組み立て

4食分の献立を考えよう

01 02で確認した状況を踏まえて、
今日のランチから4食分の献立を決めましょう。
実際にすべて献立通り作って食べるかはお任せしますが、
04 05か06を1食分は取り入れてトライして！

RULE

- カセットコンロで調理する
- 燃料を節約できるメニューを考えよう
- 排水できないケースも考慮する
- 冷蔵庫の開閉は手早く1回で済ます

キャンプmemo

キャンプのときも事前に献立を決めて、食料や燃料を調達して出発します。忘れ物をするとメニューが変わっちゃうことも……。でも、そんなときも臨機応変に対応するのがアウトドアの醍醐味ですね

コンロ忘れた……
まさか、ぜんぶ生で……!?

数日で終わるのか、1週間続くのか分からない避難生活。おうちに食料はあるけど、やみくもに消費すれば後々しんどい事態に陥りかねません。先にこれを食べておけばよかった……、こんなものもあったんだっけ？ ワンパターンで飽きた……。避難生活の楽しみは、食べることくらいです。限られた条件のなかで、少しでもバランスよく、おいしく工夫できるといいと思います。そのためには食材の在庫把握と、優先順位をふまえた献立作りが必須です。

優先順位をしっかり考えて！

Check!

我が家の避難めしを考える

DAY1

□ lunch:

□ dinner:

なにから
食べようか？

DAY2

□ morning:

□ lunch:

停電いつまで
続くかな〜

後半、お腹を壊さないように
気をつけて！

03

水・燃料節約テクニック

限りある燃料。捨てるに捨てられない使用済みの水。洗い物も減らしたい。これはアウトドアでも同じです。日常に取り入れれば、プチエコ活動にもなります。

燃料

パスタ浸水

乾燥パスタを水に2時間ほど浸しておけば、ゆで時間は沸騰してから1分！まるで生パスタのような食感になります。浸した水の残りはゆで汁にそのまま使えるので、たっぷりの水で戻しましょう

モチモチ

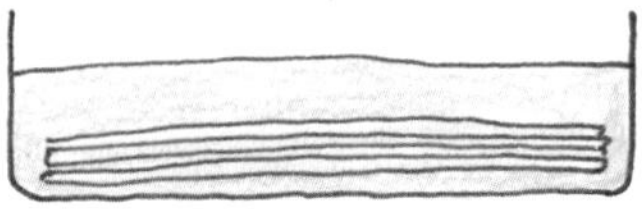

燃料

余ったお湯は保温ポットへ

沸かしたお湯の残りや、湯せん用のお湯を保温ポットに移しておけば、次回沸かし直すときに短時間で済みます。常にすぐ温かいものが飲めるところもgood

保温カップにフタをするだけでもいい

燃料

カセットコンロ用のガス缶を冷やさない

ガス缶に充填されている液化ガスは低温で気化されにくくなるという性質があります。気温10℃以下で、燃料があるのに火が弱いと感じたら、手のひらや服のなかに抱えて少しだけ温めてあげましょう

燃料　水

平たい鍋＆フタ

火があたる面が広く効率よく調理できます。煮る、ゆでる作業も平たい鍋で蒸すように調理するのがおすすめ。フタ付きで大きめのフライパンが汎用性があり重宝します

燃料　水

レトルトや缶詰を利用する

温めずに食べられる食料を備えておけば、そもそも燃料も水も使わない選択ができます。ジュースや缶詰の調味液・油を調理に使うこともできます

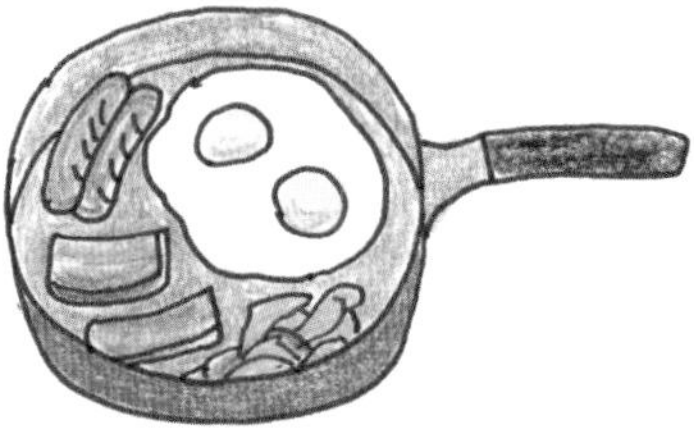

燃料

同時調理

どうせ燃料を使うなら、ついでにいくつか調理できる工夫をしてみましょう。ひとつの鍋で定食が完成します

水

ゆで汁・残り汁を再利用

野菜のゆで汁や、乾麺を湯がいた残り汁など、せっかく燃料も使ったのに、それだけで捨てるのは勿体ない。温かいうちに洗い物に使ったり、冷ましてトイレの排水に再利用してみたりしませんか

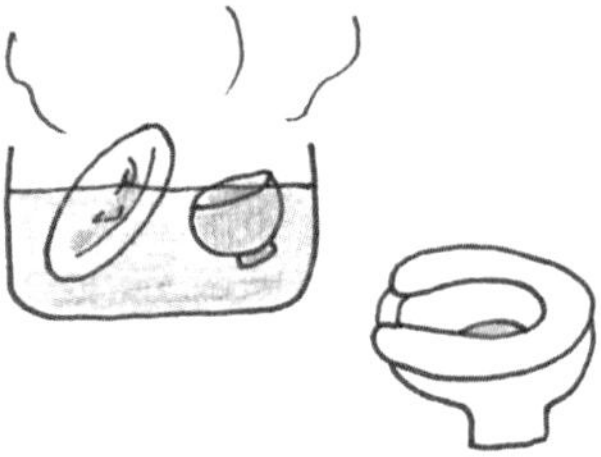

キャンプmemo

アウトドアでは自然に対して排水はしません。排水しないメニュー作りをするか、なんでも飲みます！ソースや調理料の付いた鍋にお湯を注げばスープの完成。意外とイケます。鍋もきれいになり一石二鳥♪

04

ごはんをつくろう① 水量限定クッキング

STEP 1 使う水量を予測して汲む

献立の調理（1食分）に必要な水量を予測して、チャレンジ前に用意した飲料水から別の容器に汲み分けます

食後の洗い物で使う水は除外してOK！
だいたいでも計ってね
水
水

キャンプmemo

山や海に行くときは、汲めるタイミングで飲料水を汲んでおきます。さらにはそれを自力で遠くまで運ぶこともあるため、自分たちが必要な水の量を知ることは、荷物の重さを減らすためにとても重要です。キャンプ場ならば水道がありますが、テントサイトから離れていれば、同じことがいえます

4食中の1食でも試してみて！

災害時、停電とセットで起きやすいのが「断水」。避難生活において「水」は命綱です。1日あたり、1人最低3ℓの水を備蓄するのが防災のセオリーですが、もし調理時に普段通りに水を使ってしまったらあっという間！ 自炊をする人であるほど目分量で済ませてしまい、水の量を厳密に計って調理をすることが少ないのではないでしょうか。何の作業にどれだけ水を使うか知っていれば、あらかじめ備蓄量を調整でき、足りなくなる不安を軽減できます。

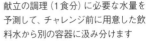

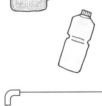

STEP ②

汲み分けた水だけで調理スタート！

さあ、調理を始めましょう

・・・
あれ？手を洗う水は？
野菜や包丁は？
えーっと…

RULE

- 水が足りなくなったら追加OK。ただし水道の蛇口からではなく、チャレンジ前に用意した飲料水から追加分も計量して足す
- 排水もできないと仮定する
- 調理以外の水は、溜めた風呂水から使ってもよい

防災 memo

水も燃料も不要で、そのまま食べられる市販の防災食は、水分が少ない傾向があります。節水は大切ですが、脱水になってはいけません。3ℓのうちのほとんどは「口から入れなくてはいけない1日分の水分量」と考えましょう

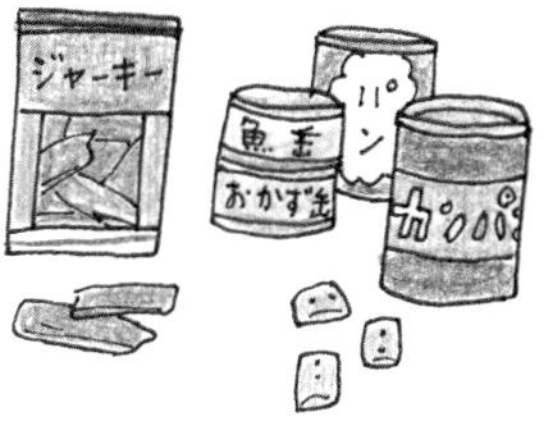
ジャーキー
パン

Check!

- ☐ メニュー名＿＿＿＿＿＿＿＿
- ☐ 予測した水量＿＿＿＿＿＿＿ mℓ (cc)
- ☐ 実際に使った水量＿＿＿＿＿ mℓ (cc)
- ☐ 予測量は……？　多かった　まずまず　少なかった

note＿＿＿＿＿＿＿＿＿＿＿＿

目分量の
精度はいかに!?

04

節水洗い物テクニック

断水で水もお湯も使えないとなると、洗い物も悩みどころ。いっそ、「洗わない」に考え方をシフトチェンジして、自分にあった方法を選びましょう。

水がない場合

避難生活においてはポピュラーな方法です。
「使い捨て」にはなりますが、衛生的で多くの人が抵抗なく試せます

食品用ラップやポリ袋で器を覆う

器の使用面にカバーをかけ、交換していく方法です。食べきれなかったものを残しておくときにも便利

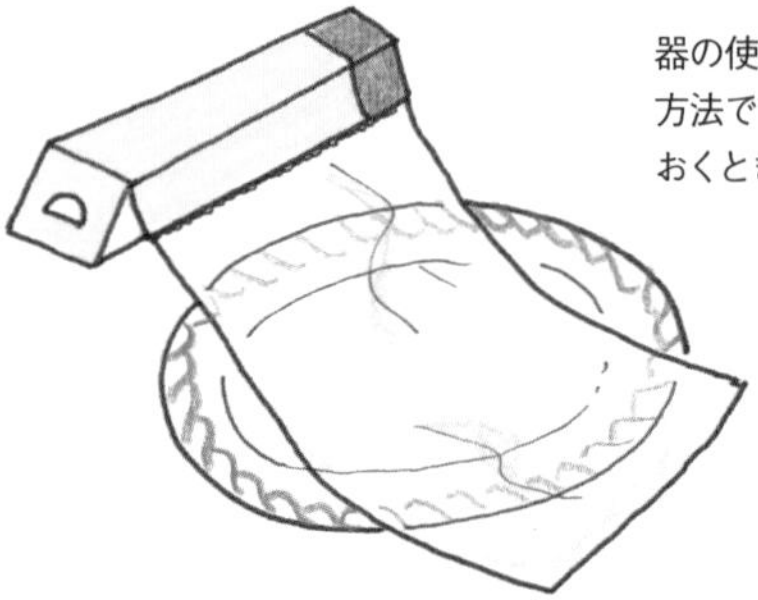

紙コップや紙皿をつかう

毎回使い捨てるとゴミはかさばりますが、もっとも簡単な方法です

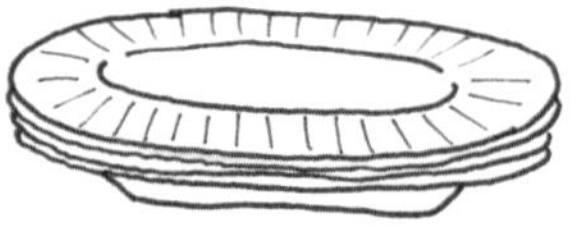

鍋は汚さない

調理する鍋には上記の方法が使えないので、なるべく汚さない工夫が必要

クッキングシート、アルミホイルを敷くのも手！

インスタント食品や、湯せん調理なら汚れない！

水はあるが貴重な場合

桶を３つ使用する「溜め水洗い」がおすすめ。山小屋の厨房や屋台でも行われる洗い方です。日常でも、この洗い方をすると節水になりますよ

溜め水洗い

すすぎ桶の水が汚れてきたら、ひとつずつ、すすぎ桶→洗い桶の順に繰り上げれば、水を変えに行く負担が軽くなります。洗い水は必ずしも飲料水でなくとも、風呂水や雨水でOK！（気になる方は、器を乾かしてから除菌シートなどで拭って仕上げてくださいね）

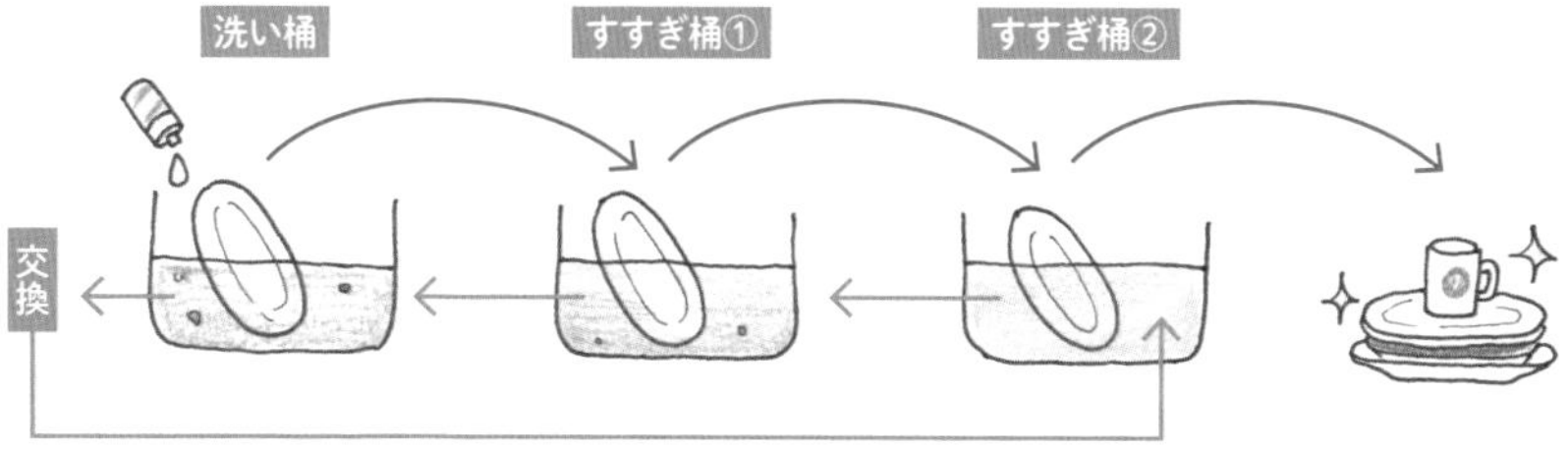
洗い桶
すすぎ桶①
すすぎ桶②
交換

台所洗剤を数滴入れてもいい

ここで完了でもいい

仕上げにくぐらせる

マウンテン流

水道のない山のなかで主流の方法。
小さいことは気にしないタイプ向け

お茶やお湯を注いで締める

食べ終わった器に、お茶やお湯を注いで飲めば、ほぼ洗ったような仕上がりに。油汚れも拭き取りやすい（昭和の知恵だよ）

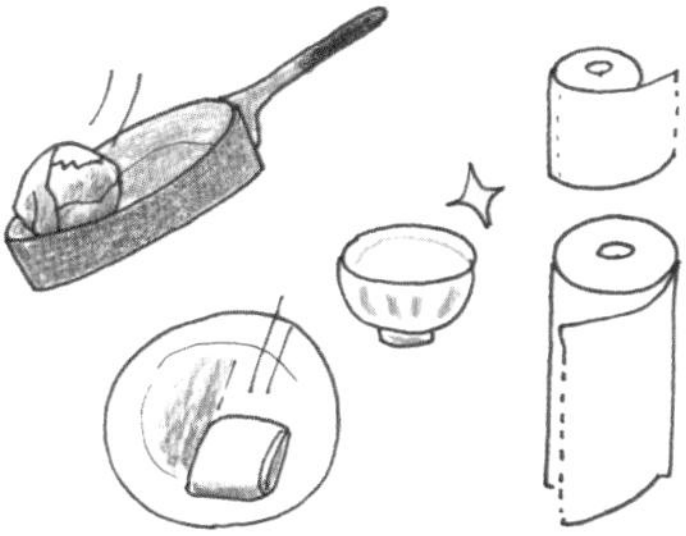

シンプルに「拭くだけ」

キッチンペーパー、トイレットペーパーなどで、食べた後シンプルに拭くだけ

防災memo

衛生管理のボーダーラインは人それぞれ。避難生活では、MY皿、MYコップ、MY箸を決めて、各自の基準で責任を持つといいでしょう。他の人の使い方に口を出すとトラブルになりやすいので注意です

ボクはまだ使う
私はすぐ洗う

05 ごはんをつくろう② 鍋で炊飯

STEP 1

米を浸水させる

できれば2時間以上、ゆっくりしっかり。
これを怠ると炊飯の難度がアップします

炊飯器で炊く際の水量よりも、1.2〜1.3倍ほど多めの水で米を炊く(通常米1合＝水180mℓのところ、200mℓに)

節水のための無洗米もよいですが、非無洗米を研がずに炊いても問題なし

STEP 2

中火にかけ フタをして 沸騰するまで待つ

キャンプmemo

アルミなどの薄手の鍋を使う場合は、沸騰するまでフタをせず強めの弱火で少しずつ温度を上げていくのがポイント。炊きムラを防ぐために、途中で2回ほど全体をかき混ぜましょう。土鍋やフライパン炊飯で失敗経験があるなら、同様にかき混ぜてみて(ご法度っぽいけど、これが最大のコツ!)。水分が思いのほか少なければ、足してからかき混ぜましょう

何はなくとも温かいご飯があれば、荒みがちな避難生活もホッとできます。鍋でお米が上手く炊けるようになると、炊飯器には戻れないほど……。今まで炊飯器しか使ったことが無い方は、被災時に限らず鍋で炊けるようになると得ですよ。圧力鍋や土鍋のような厚手の鍋があれば、誰でも比較的簡単に上手く炊くことができますが、キャンプで使う薄いアルミの鍋やおうちのフライパンでも炊き方の基本は同じです。フタ付きの鍋を用意して挑戦してみましょう。

一度にたくさん炊くなら鍋!

STEP 3

弱火にして、水分がなくなるまで炊く

途中でフタを開けて確認しても大丈夫だよ

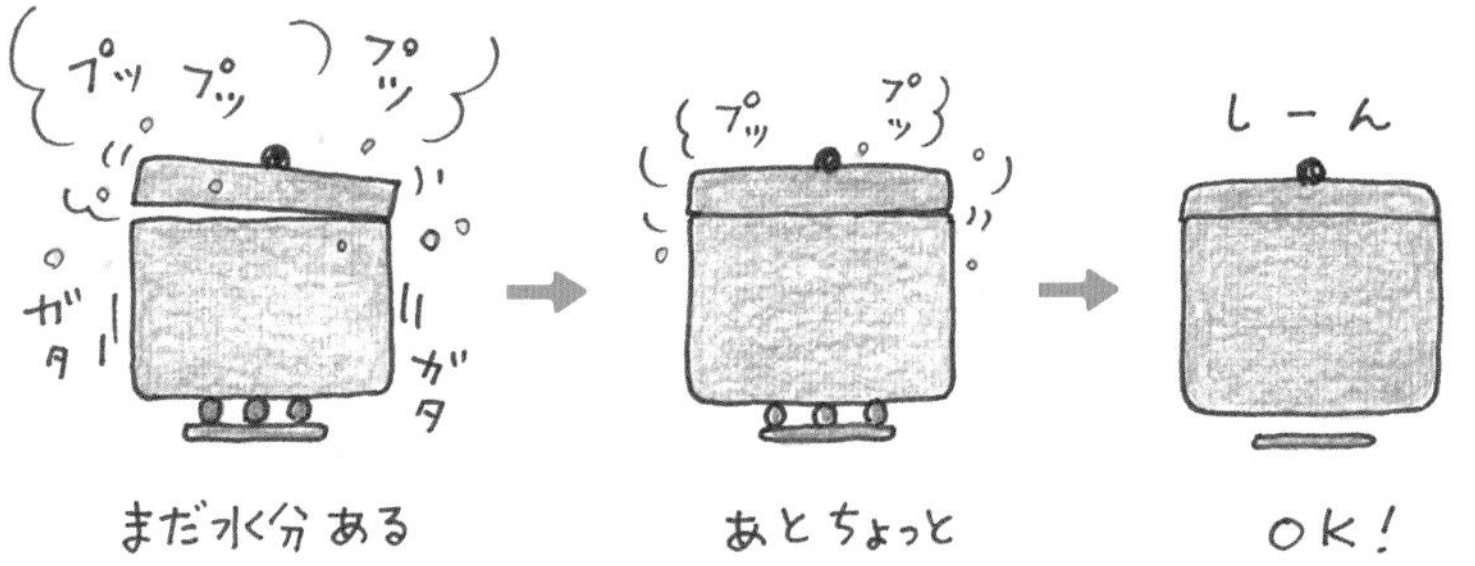

STEP 4

火を止めて蒸らす

音がしなくなったら火を止め、フタをしたまま5分ほど蒸らして完成！

音の判断に迷ったら、そんなに攻めずに止めてOK

カニの穴できてるかな？

防災memo

最後に火を強め、香ばしい匂いがしてから火を止めると「おこげ」ができます。ですが、避難時は焦げがついた鍋を洗うのが大変なので、あえてつくらないほうがベターです。炭水化物はエネルギー源。とくに、お米は腹もちも良く、頭と体を動かすための糖分補給もバッチリ。積極的に食べましょう

キャンプmemo

薄手の鍋は冷めやすいので、蒸らしタイムはタオルや衣類で鍋を包んで保温しましょう。寒いときはそれを抱きかかえて暖を取ると幸せになります

Check!

☐ **鍋炊飯、どうだった？**

上手く炊けた　炊けた　失敗した

note ______________________

____

____

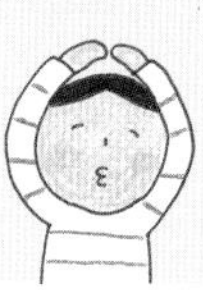

おいしかったといいな！

06 ごはんをつくろう③ ポリ袋で炊飯

STEP 1

ポリ袋に米を入れ浸水させる

05 同様に、しっかり浸水時間をとるのが失敗しないコツ

イチオシは「アイラップ」（岩谷マテリアル）2重使い！

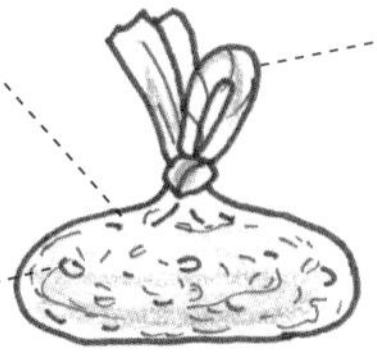

米
多くとも2合までが適量

水
水量は鍋炊飯同様、通常より多めに

袋
耐熱ポリ袋は、必ず商品パッケージに表記された耐熱温度が100度以上のものを使用すること。できる限り空気を抜いて縛って

STEP 2

湯せん用の鍋に入れる

水の状態から米をセットしたほうが上手く炊ける気がします

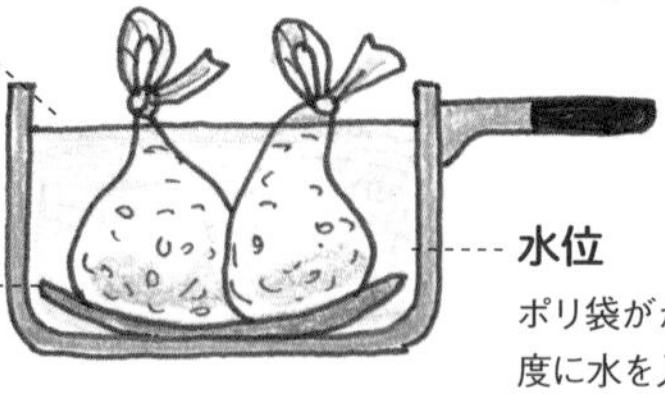

水
湯せん用の水は、毎回取り替えなくてもOK！

鍋底
ポリ袋の破れ防止に、鍋底にお皿などを敷きましょう。鍋肌にもなるべく触れないように！

水位
ポリ袋がかぶる程度に水を入れて

別名「パッククッキング」
防災食レシピ、キホンのキ

昨今、防災食のニュースタンダードになりつつある「ポリ袋調理」は目からウロコのアイデア。言い換えれば「湯せん調理」です。おかずはともかく、湯せんでごはんが炊ける?!と、初めて聞いたときは信じられませんでしたが、鍋や器を汚さない、少ない量でも炊ける、個食で衛生的、そして何より失敗しにくい……と、避難生活に適したメリットだらけ。アウトドアでも、現在主流のアルファ米や鍋炊飯をポリ袋炊飯が凌ぐ日がいつか来るかもしれません。

ヤケド注意!
まる
まる
ホカ
ホカ
おいしそ〜

STEP 3

中火にかけ沸騰したら弱火で15分

15分後、見るからに水分が多ければ湯せんを延長しましょう

STEP 4

ポリ袋を取り出し5分蒸らして完成!

火を止めてからポリ袋を取り出し、袋のまま5分ほど蒸らします(ヤケド注意!)。残ったご飯も湯せんで温め直し可能です

ふおっわ〜

ポリ袋ごとお茶碗に入れたら、洗い物もナシ!

キャンプmemo

あらかじめ食べる量ごとに米をポリ袋に入れ、小分けにして運べば現場で計量する手間が省けます。キャンプ地に到着したときには米の浸水完了しているように、逆算して道中で水を入れておくとスマート。湯せん後のお湯をスープやお茶にすれば無駄なし。いざとなれば飲料に適さない風呂水や海水、雨水が使えるというのも利点です

「ジップロック®」(旭化成ホームプロダクツ)のフリーザーパック(メーカー推奨外)も私は使っています

Check!

これで炊けるの
驚くよね

☐ **ポリ袋炊飯、どうだった?**

上手く炊けた　炊けた　失敗した

note ________________________________

____

____

06 ポータブル火器・燃料あれこれ

どこでも煮炊きができるポータブル火器は、アウトドアを始めるならすぐに揃えたいアイテムのひとつ。避難したときでも「火があるって生活の柱だな」と感じるはずです。

カセットコンロ

イチオシ！

一家に1台はあるであろうカセットコンロは、その扱いやすさ、安定感、燃料の買いやすさで、おうち避難におけるナンバーワン火器！ サイズが大きめなので、荷物を背負う必要のある登山などでの携帯には向きませんが、キャンプや車中泊にももってこいです

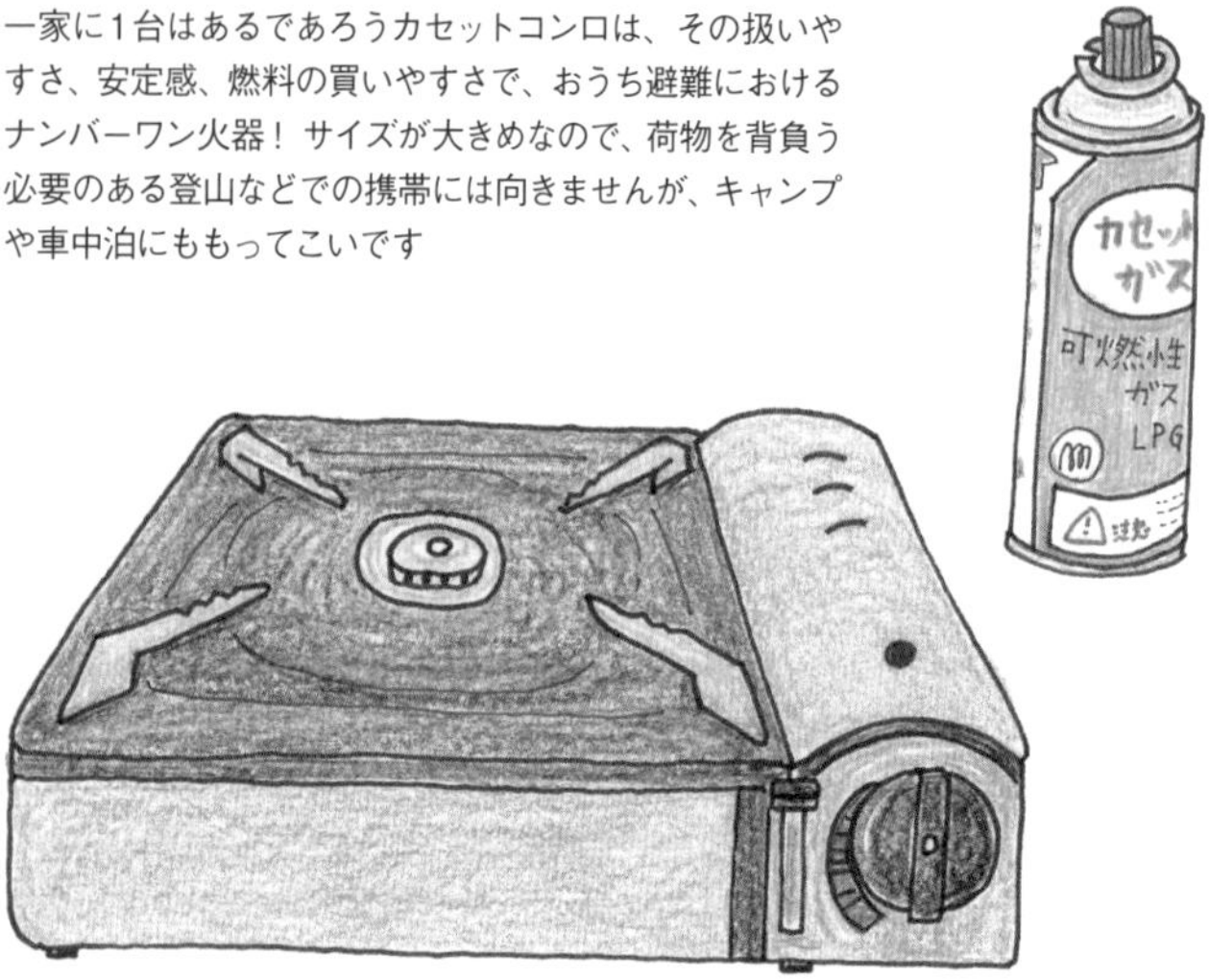

コンロは3,000円台から、燃料（ガスボンベ）は1缶200円前後と手頃な値段も魅力。気温が10度以下になる環境の場合は、寒冷地用のハイパワーガス缶がおすすめ

カセットガスボンベ1本のパワーは2ℓの湯沸かし×6回分！（鈴木調べ）

防災memo

ガス管の破損による断ガス（ガス供給停止）状態になると、復旧には数週間かかります。ガスボンベの使用期限は概ね7年と長いので、日ごろから多めに備えておいてローリングするといいでしょう

固形燃料ストーブ

コンパクトストーブより、さらに小型で軽量を好むアウトドアパーソンに根強い人気があります。燃料は「旅館で出される鍋料理の青いやつ」といえばイメージできるでしょうか。火力の調整がしにくいですが、かさばらずストックできるので、おうち避難では予備で備えておいてもいいかもしれません

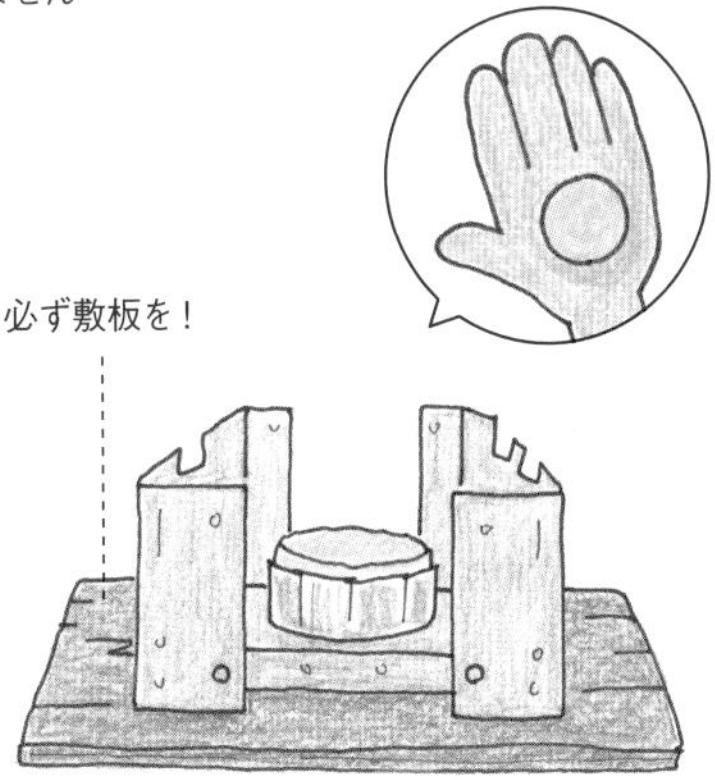
必ず敷板を！

コンパクトストーブ

ゴトクが小さく折り畳め、持ち運びしやすいアウトドアストーブの代表格。燃料はカセットガスボンべと同じ液化ガスで扱いやすいのですが、おうち避難のために備えるにはランニングコストが高すぎ。でも、持っているとテンションが上がって、外で使いたくなることうけあいですよ

Power
GAS
ソロ用のストーブ部分は手のひらサイズ
燃料部分はストーブ部分と取り外しできます

アルコールストーブ

燃料用アルコールに直接火をつける、小型で軽量のシンプルなストーブです。本格的な調理や大人数には向きませんが、じっくりお湯を沸かしたり、1人分のご飯を炊いたり、自分時間を楽しむには味わい深いアイテムです

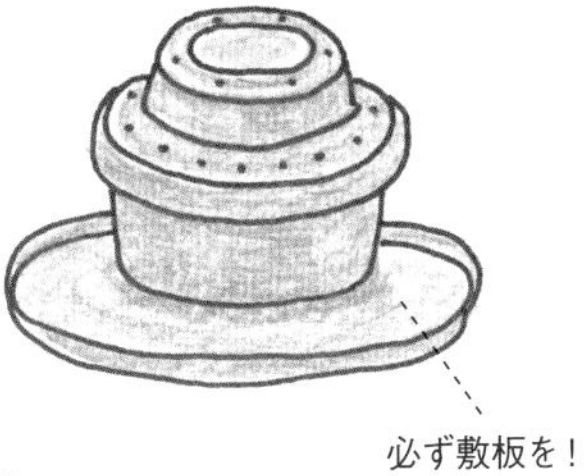
必ず敷板を！

気になったもの
あったかな？

ホワイトガソリンストーブ

火力が強く安定するため、本格的な料理を楽しむキャンパーに愛用されています。ただ、燃料の取り扱いや着火までの手順など、慣れるまでは大変。庭があり家族がいれば、在宅避難や炊き出しに活躍することでしょう

ECO
CLEAN
1L

コンパクトタイプ

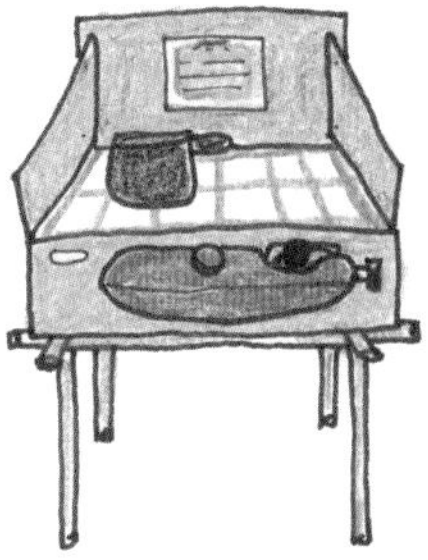
キッチンタイプ

07 ケータイ・スマホを切る

アラームをかけてオフラインを疑似体験。マイルールを設けよう

STEP 1

1度目のアラームでスマホを「機内モード」にする

1923年9月1日11：58は
関東大震災の発生時刻です

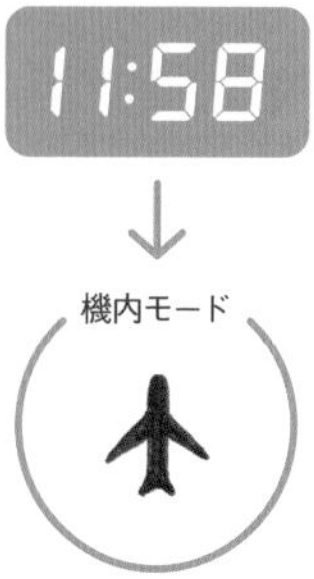
11:58
機内モード

キャンプmemo

近年は山奥でも携帯電話の電波が繋がることが増えてきましたが、まだムラがあります。携帯電話（スマホ）は電波を探すときにかなり電池を消耗するため、基本的には「機内モード」にしておきましょう。電池は寒さに弱く、急にパワーダウンして使えなくなることもあります。上着の内ポケットなど体に近い場所に入れてスマホを保温することも大事

STEP 2

その後の「機内モード」解除は自由

使えるだけに、自制心が肝かも？
見たい
見たい
見ない
見ない

RULE

- ただし、充電はモバイルバッテリーからのみOK

災害時、停電になってもすぐにインターネット回線が切れるということはほぼありません。情報を得るため、連絡をとるため、使えてしまうがゆえに油断して多用してしまうスマホ。電池が少なくなってきて初めて、「充電できない！」と気付くなんてことも……。

災害発生直後は、電話もインターネットも回線が混みあい繋がりにくく、意地になって使えば電池を消耗します。冷静に状況を判断し、最低限の使用に留める訓練をしておきましょう。

スマホ節電のコツ

スマホは命綱！！
ここぞという時に
使えるよう温存して

RULE

- 「1時間に5分だけ」など、マイルールを決めて計画使用する
- 動画や画像が多いサイトの閲覧は避ける
- アプリやシステムが、勝手にアップデートされないよう設定する
- 「夜間モード」などで、画面を暗くする
- LINEは既読スルーで安否確認してもらう

STEP 3

2度目のアラームで電源オフ

急用がなければ、14時46分から16時まで、完全に電源オフにしてみてください。災害時、電波塔の点検やエリアごとに区切って計画断線し、断続的に繋がらなくなることはよくあります

さらばっ
えいっ

2011年3月11日14：46は
東日本大震災の発生時刻です

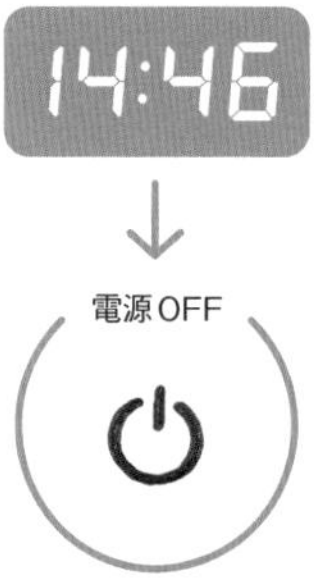
14:46
電源OFF

Check!

☐ **スマホを電源オフしてる間の気持ちは？**

平常心　退屈　ソワソワ　ホッ　イライラ　天国

その他＿＿＿＿＿＿＿＿

☐ **電池残量**

11:58 ＿＿＿＿％　14:46 ＿＿＿＿％　就寝時＿＿＿＿％

翌朝＿＿＿＿％　チャレンジ終了時＿＿＿＿％

☐ **モバイル充電**＿＿＿＿回（チャレンジ終了まで）

note＿＿＿＿＿＿＿＿＿＿＿＿＿＿＿＿

なんでもスマホに
頼っちゃうよね〜

07

防災アプリとSNS

いまや災害の最新情報は、スマホで得ることができますが、情報が錯そうし、誤った情報を掴まされないとも限りません。平時に信頼できる防災アプリとSNSアカウントをフォローしておくのも防災です。

おすすめのアプリ

Yahoo!天気

アウトドアにも防災にも、なんだかんだ一番のお役立ちアプリ。天気だけでなく、地震や噴火、河川水位、避難場所マップなど、防災情報も至れり尽くせり。見やすさも大きなポイントです。常時更新され情報スピードも速い！防災情報だけに絞った「Yahoo！防災速報」は、全国の災害速報と防災ハックも読めます。どちらかひとつは国民全員マストインストールしてほしいくらい充実しています

各自治体の公式防災アプリ

多くの自治体には公式アプリなるものが存在します。ただ、各情報や更新頻度には自治体ごとにムラがあり、もっぱら見やすいとはいえないところが残念ポイント。しかし信用度は高いので有益です。もし、お住まいの自治体に防災に特化した公式アプリがあれば、必ず入れておきましょう

Hazardon®（ハザードン）

全国各地の避難所、発出されているハザードが地図上に示されるアプリ。開くとすぐに地図が表示されるので、外出先で慌てていても視覚で状況が理解しやすいです。一目で開設した避難所を知ることができるのもポイント。地図としても見やすくて優れているので、単に道を知りたいだけなら、地図アプリとしても使い勝手がいいです

LINE

災害伝言ダイヤルや掲示板より、家族友人の安否確認によっぽど最適。被災した側なら「LINE VOOM」で「友だち」に一斉に安否や要望を知らせることができます。被災した「友だち」の安否が心配ならメッセージを送って「既読」が付けば、生きているかの確認はできます（その際に返信不要と添えてあげるといい）。幼児高齢者など、スマホ初心者も「見る」だけは出来るようにしましょう

Webサイト

気象庁ホームページ　https://www.jma.go.jp/

天気はもちろん、地震、噴火のことを知るならココ。専門的なことも、実はとても分かりやすく解説されています。サイト自体が大きくコンテンツが複雑なので、災害時ではなく平時に知識を深めるために見てください

SAIGAI JOURNAL（災害ジャーナル）

https://saigai-info.com/

防災サイトのなかで一際オシャレで一線を画していますが、情報はキチンと骨太。2020年に惜しくも解散してしまった「一般社団法人 防災ガール」（ファンでした…）が運営していたウェブサイトの記事を伝承して読むことができます

知っておこう！

災害時用公衆無線LAN「00000JAPAN（ファイブゼロジャパン）」

災害時に無料で開放される、災害用統一SSID（Wi-Fiのアクセスポイント）。契約しているWi-Fiやキャリアの電波が途切れてしまったときに利用しましょう。ただし暗号化されていないので、個人情報を打ち込んだりするのは控えて。「なりすまし無料無線LAN」も横行するのでご注意を

公衆電話

災害時は電波や電話回線を意図的に制限することがありますが、公衆電話は規制されません。公衆電話の使い方を知らない若い世代や子供はめずらしくないので、親御さんは教えてあげてください。念のため外出するときには、小銭かテレホンカードをどこかに忍ばせておきましょう

Twitterアカウント

特務機関NERV
@UN_NERV

とにかく情報が速い。同名のアプリも見やすくて優秀です、同じ機能を持つ防災アプリを他に入れてあれば、素早さを生かしたツイッターがおすすめです。私だけかもしれませんが、ちょっと恐ろしい雰囲気のアイコンを見るだけで身が引き締まる気がします

警視庁警備部災害対策課
@MPD_bousai

誰でも日常的にできる防災を発信しています。警視庁の公式アカウントですが、お堅いマニュアルのような書き方ではなく「なかの人」の熱心さと優しさがにじみ出ています。つい試したくなるような、おもしろい災害対策もあり。フォロー必須アカウント

ウェザーニュース
@wni_jp

地震以外の自然災害は、ほぼ天気によって引き起こされ、自分で予測もできます。アウトドアを行う上でも、天気は判断を左右する最重要ポイント。天気の変化にはルーティンがあります。毎日何となくでも見るツイートの積み重ねで、それを感じてください

人が死なない防災
@bosai_311

個人で発信していると思われるアカウントですが、ソースをしっかりとった情報を「人」の言葉で分かりやすく伝えてくれています。更新頻度も多すぎず少なすぎずで、ついつい風化してしまう過去の大災害を忘れないためにも有効なアカウントです

災害担当記者のつぶやき
@antidisaster

TBS災害担当記者さんのアカウント。記者さんだけに事実に基づいている信頼度が高いだけでなく、自然災害に関する報道のリンクに添えてある短い呟きに人間味があって、少々お堅い内容でも読んでみようという気にさせてくれます

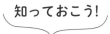

08 避難場所までおさんぽ

ちょっとアウトドアしにいきますか

どこに避難場所があるか知っているし、何度も前を通っている。でも、いざ防災目線で向かってみると、今まで気付かなかったことに気付くかもしれません。もし洪水だったら、もし大地震だったら、火事があったら、瓦礫だらけだったら……。いろんな想像をしながら近所を見て歩きましょう。

最寄りの避難場所が、いちばん安全だとは限りません。年齢、家族構成、ペットの有無、時間帯など、各家庭の事情と照らし合わせるのもポイントです。

STEP 1

ハザードマップを見ながら避難場所まで歩く

事情によってやむを得ない場合もありますが、原則として避難は徒歩で。車は避難渋滞で逃げ遅れることが多いので、緊急車両の通行のためにも、使う場合は早期避難を

非常持ち出し袋を用意している人は、実際に背負って

サンダルは避け、底のしっかりしているブーツやハイキングシューズなどを履きましょう

家族やペットも一緒に歩いてみましょう

キャンプmemo

登山やハイキングだけでなく、車でキャンプに行くときも目的地へは地図が頼り。外出先で被災することもあるので、カーナビ、グーグルマップ、どんなものでも普段から地図に親しんでおくといいと思います

STEP 2

歩く先々でポイントをチェックする

ひとつの避難場所に対して、複数の経路を見つけておくこと。自宅のほか、会社など過ごす時間が多い場所でも同様に確認しておきましょう

かかった時間

移動時間の目安を知りましょう

道路・線路

交差点・歩道橋、踏切など。災害時に渡れそうですか？水害の恐れがあるときはアンダーパス通行NG

標高

川や海の水位に比べて、避難路の標高が低くないかチェック

老朽化した建物

古い建物のほか、ブロック塀、自動販売機も地震で倒れてくることがあります

避難所の規模、設備

地域人口に対しての避難所の印象を確認しましょう

Check!

□ 避難場所・避難所

（名称＿＿＿＿＿＿＿＿＿＿＿＿＿＿）までの

所要時間＿＿＿＿分

□ 避難経路上で気をつける箇所

＿＿＿＿＿＿　＿＿＿＿＿＿　＿＿＿＿＿＿

08

意外と知らない避難所

ひとくちに「避難場所」といっても、いくつか種類があります。自治体が指定した避難所だけでなく、各家庭で安全な場所を複数確保しておくことも大切です。

避難場所の種類

自治体が指定する緊急避難場所は「避難所」と「避難場所」に区別されています。運営が必要な「避難所」の開設情報は各自治体のHPや防災アプリで確認できます

ハザードマップによって名称が変わることがあります

一時《いっとき》避難場所

公園やグラウンドなど、小〜中規模の範囲の地区の集合場所的な、文字通り「一時」的な避難場所

広域避難場所

大きな公園や大学など、「一時避難場所」よりも広い避難場所

指定避難所

備蓄品を備え、避難生活を送ることが可能な屋内施設。規模は大小あり、収容キャパを越えると入れないことも。設備や運営は、自治体や地区の防災組織の考え方や経済的な事情で、どこも同じというわけではありません

指定緊急避難所

緊急に身を守る必要があるときに開設される屋内の避難所。学校の体育館が多く「指定避難所」を兼ねていることがほとんど

防災memo

発生した災害の種類によって、避難する場所が違います。どの災害に適した避難場所なのか、現地にある看板かハザードマップで必ず確認しておきましょう

MY避難所をつくろう

地震も台風の被害も同時に日本全土に及ぶとは考えにくいもの
早めに該当エリアから離れてピーク時だけでも安心してやり過ごすのも手です

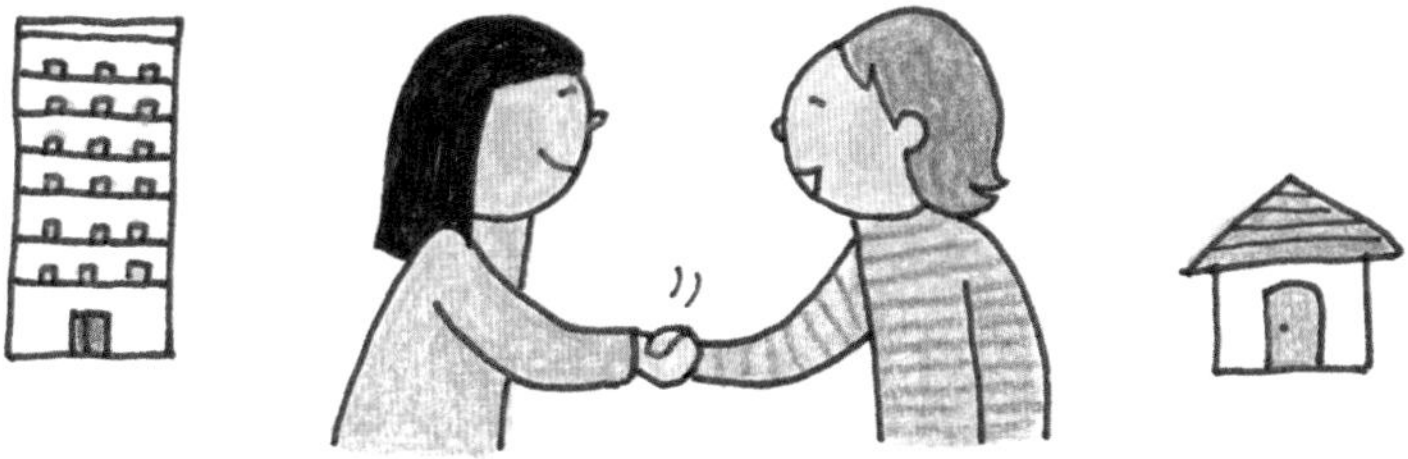

友人知人、実家などと「安全保障条約」を結ぶ

相互のハザードが異なるお宅と、危険時には避難し合う取り決めをして、一緒に防災計画を練ったり、備品を揃えたりすると楽しいでしょう

車中泊

居住性を整えておけば、車での避難生活も有効手段。停電すると信号が機能せず、同じように避難したい車で渋滞します。車があるなら、早めに遠くに逃げるが吉です

防災memo

例えば、すでに浸水している場合に、意地になって指定された避難場所に行くほうが危険です。道中にある頑丈な高いビルや、高台の神社など、災害に合わせた予備の避難場所に普段から目星をつけておきましょう。ハザードマップにある避難場所に関わらず、避難の大前提は「とりあえず危険が及ばない場所に逃げる」ということをしっかり覚えておいてください。あとのことはあとで考えましょう

宿泊施設を利用する

ハザードが及ばない場所のホテルなどを利用。多少お金がかかったとしても、プライベートが保たれる利点があります。積極的な早期避難を「旅行」だと開き直るのもアリ！

column
01

ハザードマップもうひとほり

それでなくても役に立つ情報満載のハザードマップですが、もし地図の読み方を知っていれば、そこに書かれている文字だけでなく、さらにたくさんの情報を与えてくれます。

等高線

同じ標高を線で繋いで表しています。これによって地形がわかります。隣の等高線が離れていれば、そこは比較的平坦な場所、逆に近ければ傾斜が強い場所だということも読めます。これは水害のときに、高台を探すヒントになるでしょう

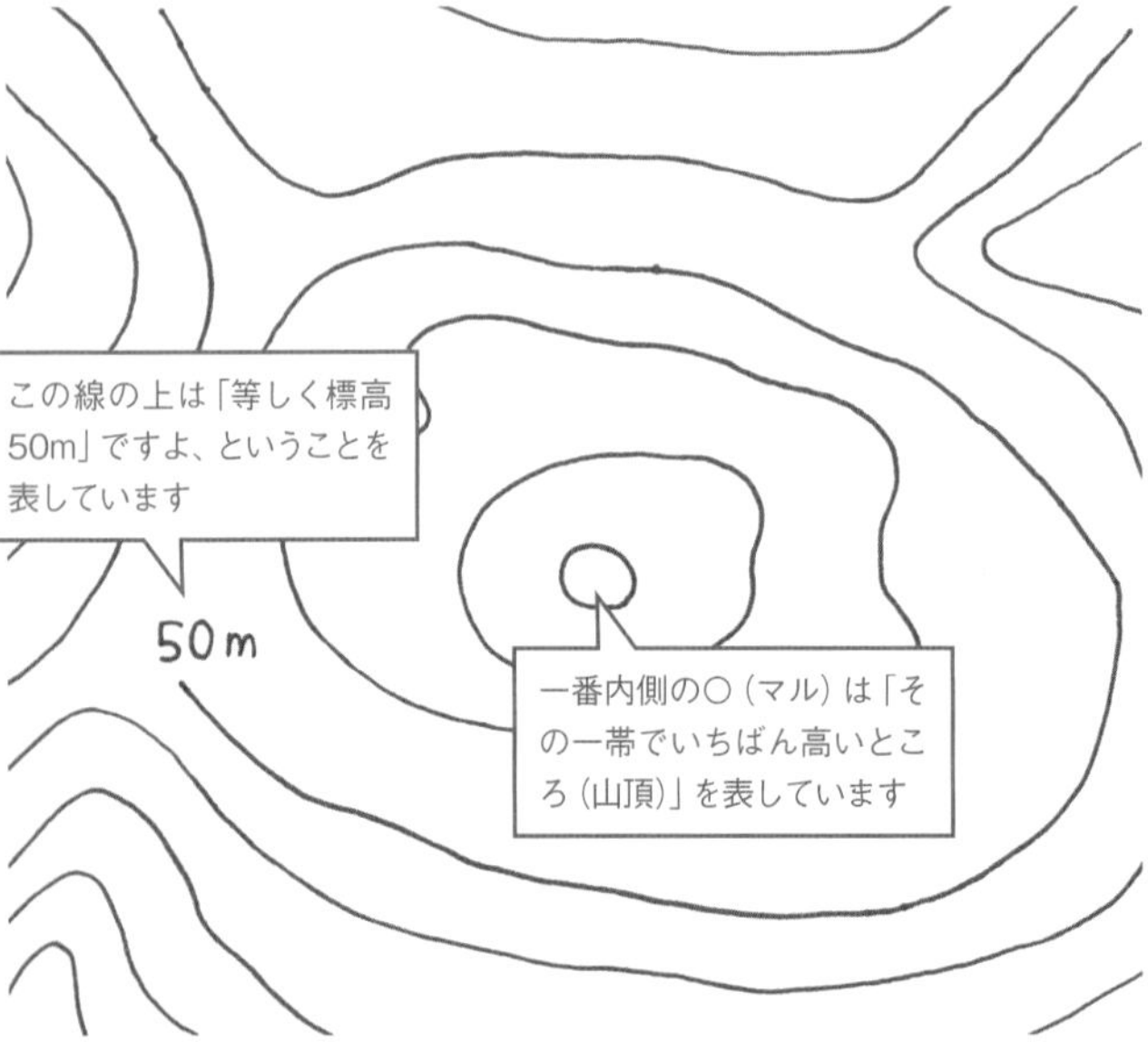
この線の上は「等しく標高50m」ですよ、ということを表しています
50m
一番内側の○（マル）は「その一帯でいちばん高いところ（山頂）」を表しています

方角

地図は上辺が真北につくられています。防災無線・アナウンスでは東西南北を用いて場所を知らせることがあるので、普段から少し慣れておくといいでしょう。太陽の位置やランドマークなど、手がかりになるものもありますが、もし手元にコンパス（方位磁石）があれば、正しい方角に向かって歩き出すことができます

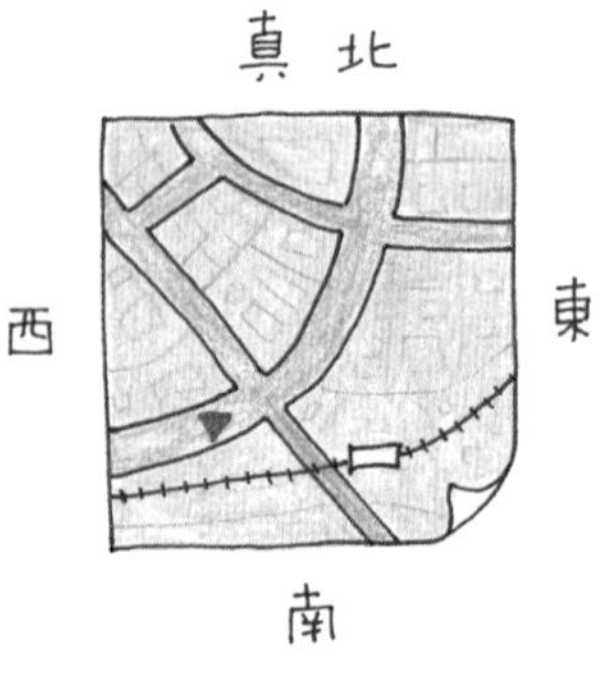
真北
西
東
南

ナビなどで、進行方向が常に上を向く設定に慣れている人は、地図もグルグル回して日頃と同じ状態を作ったほうが見やすいです

コンパスの北（赤い矢印が示す方）と真北は若干ズレますが、おおよそを知るには十分です

水位

「予想される津波の高さ10cm…」とアナウンスされると、何となく大したことがないように感じますが、実際に水深10cm程度の川を渡ってみると、水勢の強さや水圧で歩きにくいものです。浸水してくる水は「流れて」きます。それをお忘れなく

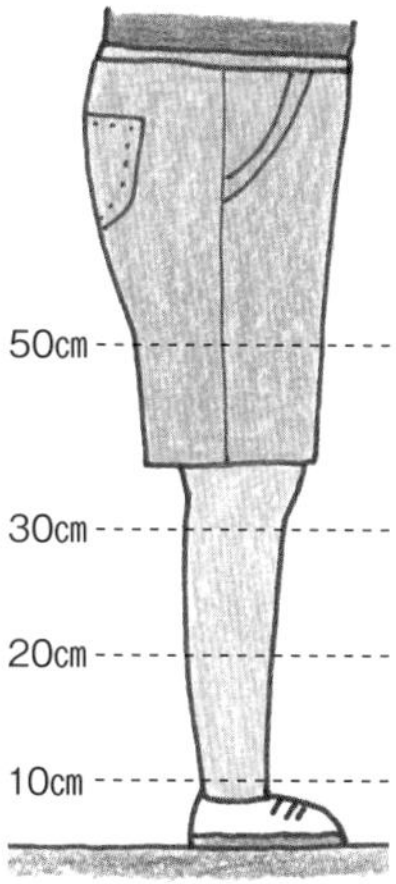

50cm（膝上）

歩いたら股下まで濡れる。流れがあれば動くのも困難。大人でも平気で流される

30cm（膝下）

長靴でも浸水してくる。流れが強ければ一歩が踏み出せない。子供なら流されてもおかしくない

20cm（すね）

水の抵抗を強く感じる。足を抜かず、摺り足のようにしないと歩きにくい

10cm（くるぶし）

普通の靴だと、水が入ってくる。慎重に歩かないと足を取られる感覚がある

> 海や川が近くなくても、街中で浸水被害があることもあります。雨や津波の影響を受けて、マンホールから水が溢れだす「内水氾濫」が、近年多発しています

50cm～1m

男性でも力負けする。何かに掴まっていても流される。浮く力が大きくなり力が入りにくい

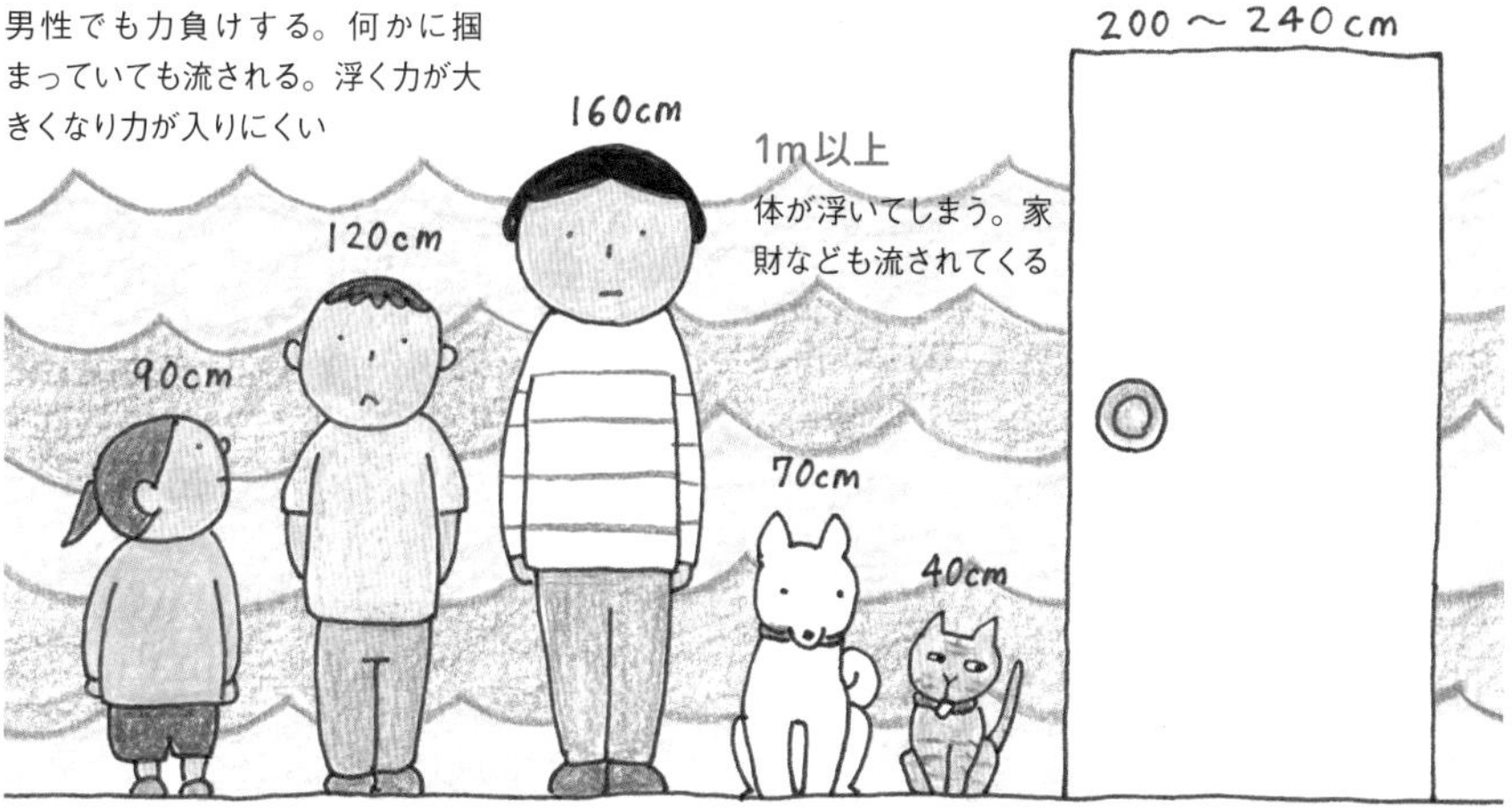

1m以上

体が浮いてしまう。家財なども流されてくる

防災memo

ハザードマップには、ハザード情報のほか、災害発生のメカニズムや、持ち出し品リストなど、各自治体が工夫を凝らして製作しています。一度、隅から隅まで目を通してみることをおすすめします

09 トイレが流れない！① 携帯トイレをつくる

STEP 1

災害時のトイレを知ろう

避難所のトイレ問題は深刻です。人間誰もが必ず一日に何度か利用するのに、これまでは軽んじられていました。今後は感染症のこともあり、どんどん改善されていくと思います

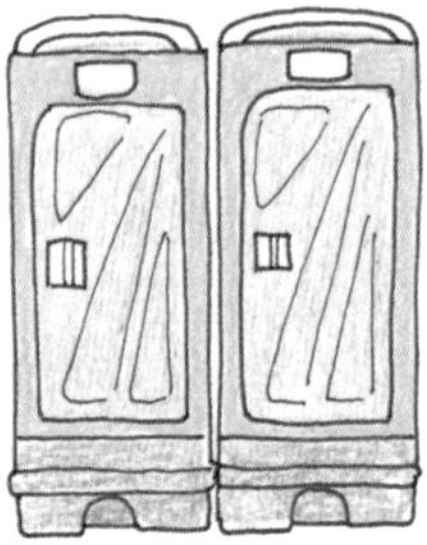

仮設トイレ

工事現場や野外イベントで見かける、床下に排泄物を溜めるタイプ。避難所のトイレが使えないときや、避難者が多い場合の増設用に使われますが、すぐ設置されるとは限りません

ポータブルトイレ

持ち運べる重さで、便器と便槽が一体型になっているタイプ。避難所の備品のほか、病院、介護施設などでも使われています。携帯トイレもセットできます

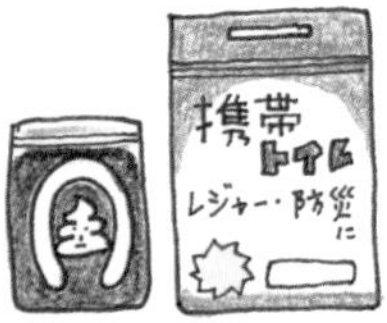

携帯トイレ

便座のない袋状の使い捨てトイレ。過去の避難所における不衛生なトイレ使用状態を改善するため、備品として採用する避難所が増えています

段ボール便器

段ボール箱でつくる、大人でも座れる便座。そこに携帯トイレをセットして用を足します。収納しやすいので、多く備えることができます

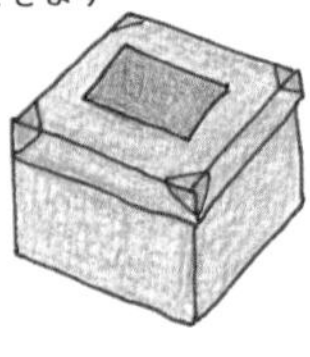

トイレは死活問題！

大規模災害でなくても、停電や断水などでトイレが使えなくなることがあります。万が一、地中にある上下水道の配管が壊れてしまうようなことがあれば、復旧に数週間はかかるとか。仮設トイレや、どこかに借りに行くとなっても、日々のことでは億劫になり、回数を減らすために水分を控えて脱水症状に……。トイレはそんな悪循環を引き起こし、ストレスの根源にもなりえます。トイレを制する者、避難生活を制すといっても過言ではないと思っています。

STEP ②

携帯トイレを自作する

色々な個包装の商品が市販されていますが、必要数を備えるには値が張ります。おうちで使うだけなら多少見栄え（?）がなくても、安価でシンプルに作ったものでいいのかなと思います

市販品の基本セット

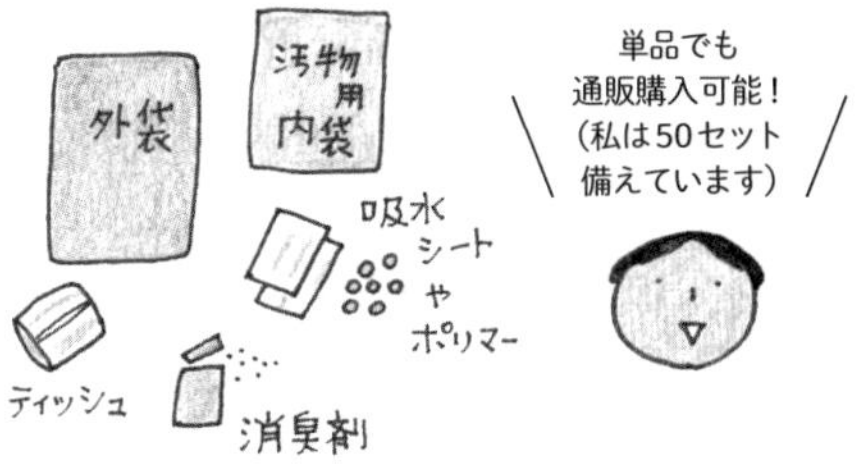
外袋
汚物用内袋
吸水シートやポリマー
ティッシュ
消臭剤
単品でも
通販購入可能！
(私は50セット
備えています)

用意するもの ※使い方はP70参照

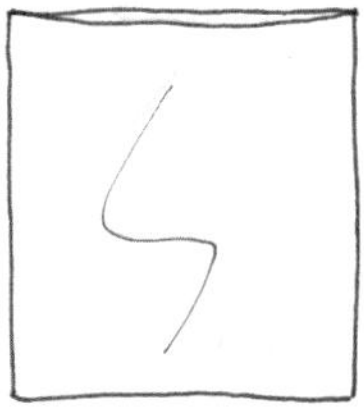

45ℓサイズのポリ袋①

透けても透けていなくてもOK。避難想定日数×1枚を用意

20〜45ℓサイズの透けないポリ袋②

想定使用回数分を用意。男性の小用には便器を覆えない小さいサイズでも対応可能（とのこと）です

吸水するもの ペットシート、猫砂、生理用ナプキン、雑布など。さいあくナシでもOK

オムツ

ナプキン

雑布

タオルやTシャツをカット

雑紙

ペットシート

臭わない
猫トイレ

猫砂
（吸水性のもの）

キャンプmemo

このところ登山コース上の汲み取り式トイレの代わりに携帯トイレブースが設置されることが増えました。これによって、莫大な管理費用や環境負荷を減らせるのではと期待しています

Check!

☐ 1日にトイレに行った回数

小＿＿＿＿回 大＿＿＿＿回

note＿＿＿＿＿＿＿＿＿＿＿＿＿＿＿＿

生理現象だもん

10

トイレが流れない！②　携帯トイレで「する」

とにかく「する」のです

STEP 1

便座を上げて便器にポリ袋①をかぶせる

ポリ袋①はカバーの役割を果たします。汚れたら交換してください

ポリ袋①

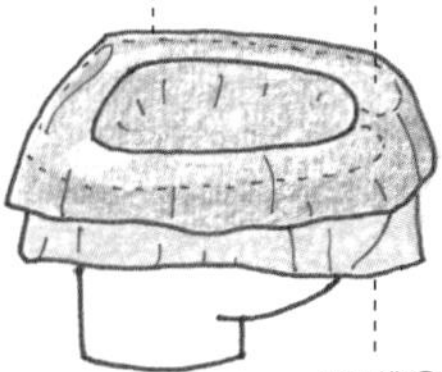
ポリ袋②
便座
ポリ袋①

STEP 2

便座を下げてポリ袋②をかぶせる

ポリ袋②が便器の役割を果たします。便座を挟んで、ポリ袋が２重になっている状態です

STEP 3

吸水するものを底にセットする

給水シートやポリマーなどが便利。これで準備完了です

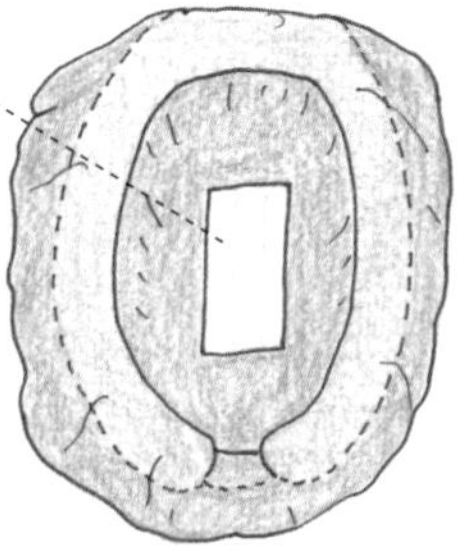
給水シートなど

百便は一便にしかず。多くの方が携帯トイレに抵抗があるようですが、一度使ってみれば何てことないことが分かるでしょう。たしかに、排泄物がおうちに溜まっていくのは非日常かもしれません。でも、使わなかったら、もっととんでもないことが待っています。

災害直後に、たとえ断水していなくても周囲のインフラが整っているのを確認するまでは携帯トイレの使用をおすすめします。

さあ、してみましょう。新しい扉が開くかもしれませんよ♪

STEP 4

用を足し、ポリ袋②の口を結ぶ

消臭剤や目隠し用の新聞紙などをお好みで入れてもOK

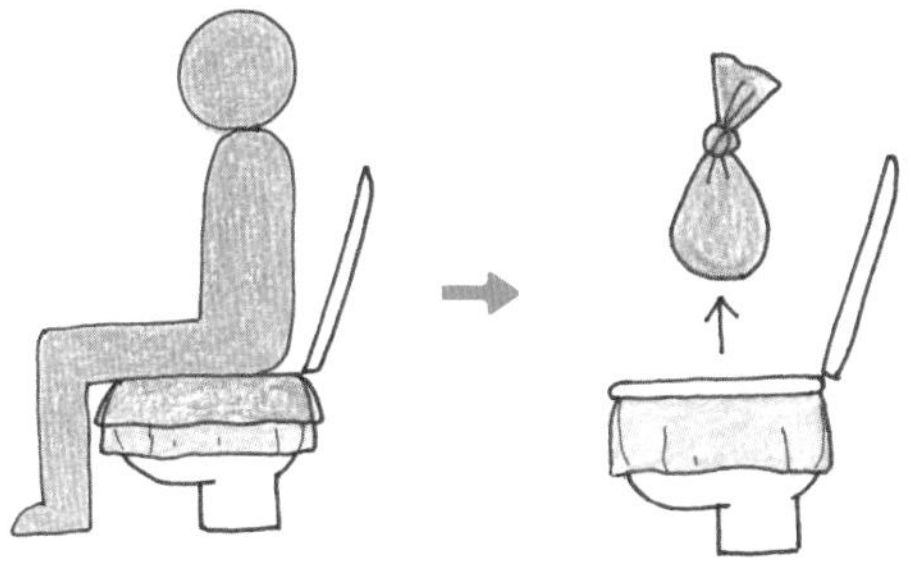

防災memo

ポリ袋②1枚に対して用1回が好ましいですが、備品には限りがあるので複数回使用したくなるでしょう。しかしながら、衛生管理上、同居人との共用は避け、自分の便器（ポリ袋②）は自分で管理するようにしてください。一人暮らしなら便器の蓋を閉めるだけで、数回使用後に口を結んでもいいと思います

防災memo

実際の便器に溜まっている水の水位が下がって下水管との隙間が空くと悪臭が漂うので、少なくなってきたらどんな水でもいいので足してください

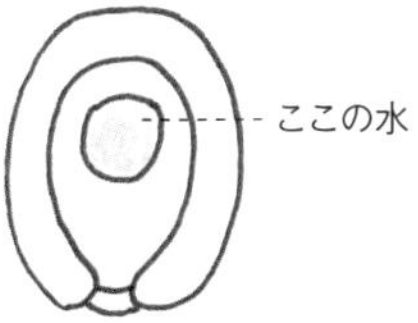
ここの水

STEP 5

冷暗所に保管する

ゴミ収集が再開するまで眠らせておきます。捨て方は各自治体の分別に従ってください（多くはオムツと同様）

密閉できると少しは気が楽…

STEP 6

トイレを風呂水で流してみる

STEP1～5の終了後に行ってほしいチャレンジです。風呂水を使ってトイレを流してみましょう。水が出ない原因が水道管の問題ではなく、停電による建物のポンプ停止であれば、この方法で流せます。ペーパーを分別すると使う水の量が少なく済みますよ

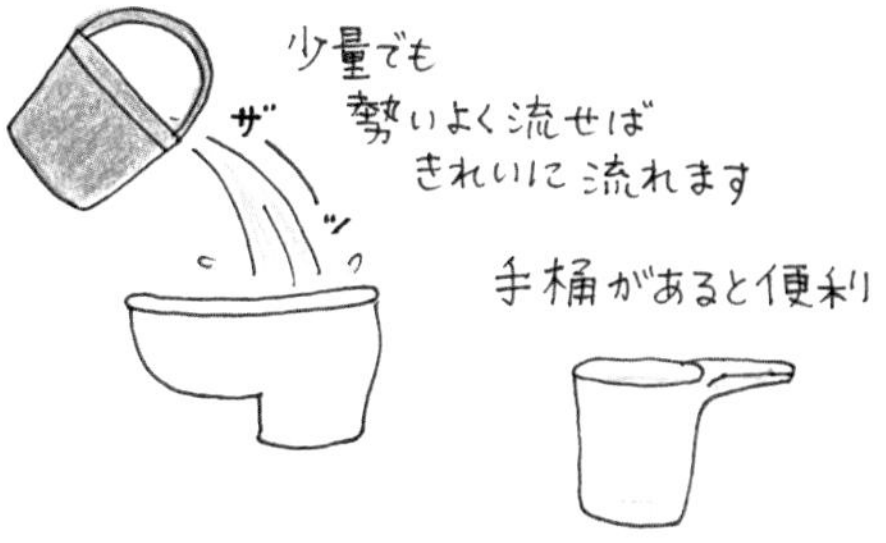
少量でも
勢いよく流せば
きれいに流れます
ザ
ッ
手桶があると便利

Check!

☐ 携帯トイレを使った感想は？

楽勝　別に普通　抵抗があった　な、なるほどね…

note ________________________________

____

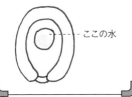

10

野外トイレ事情

令和の時代に野外で用を足したことがある人がどれだけいるか分かりませんが、アウトドア活動をしていれば、かならずやチャンス（?）が訪れます。マナーとルールを守って致しましょう。

野外トイレのマナー

したくならなければ、それに越したことはありませんが、これぱっかりはわかりません。万が一のときは最低限のマナーを守るようにしてください

!!

水場から離れる

自然の濾過機能を利用するため、川や湖などの水場からは20m以上の距離を置いて用を足しましょう

人の目を避ける

お互いのため…しかし、離れすぎると迷子になるのでご注意を

ではここで!!
エー
エ〜

大は持ち帰りが原則！

残していいのは思い出だけ。携帯トイレの出番です！

やむを得ない場合は…

20㎝ほど穴を掘って、そこへ投下。落ち葉と土をかぶせて葬りましょう。ペーパーは必ずお持ち帰りください

あとは微生物さん
よろしく
ナムナム

標高1000mを越えたら、微生物に期待ができないのでこの方法も無効

お庭にトイレ

おうちにお庭があるなら、試してみては？

テントや タープ
ブルーシートなど
落ち葉・雑草
ゴミ箱
またげる幅に
掘る

1 穴を掘る

簡易テントやタープ、ブルーシートで覆えば、立派な個室トイレ

2 用を足したら落ち葉をかぶせる

便・落ち葉（おがくず、雑草も有効）・便……のミルフィーユ状にする

3 半分くらい溜まったら、土を戻して葬る

そして次の穴を、掘る…

くせになるかも？

【野外トイレの共通ルール！】

トイレットペーパー等、排泄物以外は葬らない!!

- 水分に解けても分解しないと心得ましょう
- おうちトイレを汲み水で流す場合の節水にも有効

基本

あっ！

分別する

ゴミ箱・ゴミ袋を用意するだけでもっとも簡単。習慣で落としてしまいがちなので注意

アイデア1

拭きやすい葉を見つける

シルキータッチを探求してみては。使用後は一緒に葬れます

アイデア2

水で洗浄

手と水で手動ウォシュレット。局部全体も洗えて個人的にはイチオシです。コップ、ペットボトル、汲み桶…やりやすいものでどうぞ

キャップに1つ
穴を開けるのが
いい感じ♪

11

「あれば」チャレンジ

テントを張る

STEP 1

おうちの敷地内にテントを張る

部屋のなか、ベランダ、庭、お好きなところに。テントのなかはお母さんのお腹の中にいるようで落ち着くという人が多いですよ

防災memo

徐々にテントを備える避難所が増えてきましたが、まだまだ少ないです。それも基本的には自分たちで設営するので、キャンプの心得があるとスムーズ。設営に困っている人を助けることもできます。マイテントを持ち込んで張れるかは各自治体によります。平時に問い合わせておきましょう

在宅避難にテントは無用と思うかもしれませんが、持っているといいことがあります。テント内の狭い空間は、体温だけでも暖かくなり寒い季節の避難におすすめです。万が一、おうちが半壊や全壊した場合、車避難した場合、ペットと避難する場合など、おうちに戻れないときには、本当に間違いなく重宝します。今回は「キャンプ気分」を盛り上げるためだとしても、あらゆる場所でのテント設営に慣れておくに越したことはありません。

おうちinおうち?

はじめてさんのテントの選びかた

これからテントを買う人は参考にしてください

目的で選ぶ

テントを背負ってキャンプに行くなら 山岳用テント

自分で背負って移動するなら、軽量でコンパクトに収納できるテントがいいでしょう。山には平らな場所が少ないので、設営しても場所をとらない設計です

or

車でキャンプ場に行くなら キャンプ用テント

テントを使う時間が長いため、居住性が重視されています。設営場所が広いので、大きくて凝った形状のものが多いです

設計で選ぶ

骨格となるポールだけで自立する 自立式テント

ポールをつけると
テントの形になる

「山岳用テント」に多い形状。ひとりでも簡単、場所を選ばず設営できるのがメリットです

or

外に引っ張る力を利用して立つ 非自立式テント

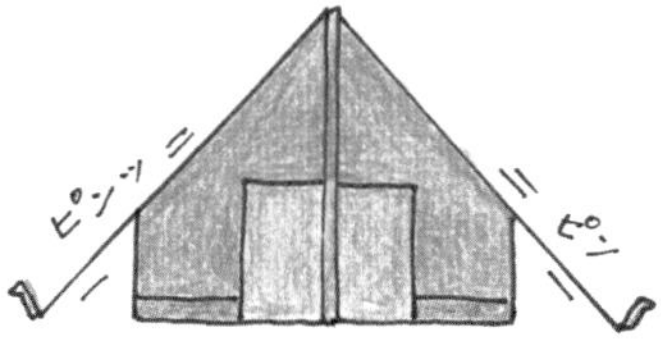
ピンッ
ピン

地面に留めないと立たないので、キャンプ場のような安定した場所に適しています

人数で選ぶ

何人で使う（寝る）かによってサイズが選べます。最近は、各々が小さいテントを用意して、個室を持つ傾向にあります

キャンプmemo

防災目線でテントを選ぶなら、室内でも設営しやすい「自立式」がおすすめです。「非自立式」も工夫次第で設営可能ですが、初心者向きではないかもしれません。

Check!

☐ おうちでテント設営

うまく張れた　手間取った　立たなかった

note ______________________________

____

11

季節別・おうち避難

夏と冬の避難生活では体温調節が重要となります。体温調節が上手くいかないと命に関わるので十分な注意が必要です。

冬

冬の避難生活で心配なのは暖房が使えるか否か。
衣類で対策するのは当然として、暖房のバックアップがあると安心です。
「電源要らずの暖房器具」を持っておきましょう！

石油ストーブ

平時の暖房としても申し分ないパワーの強さと、煮炊きができるメリットも

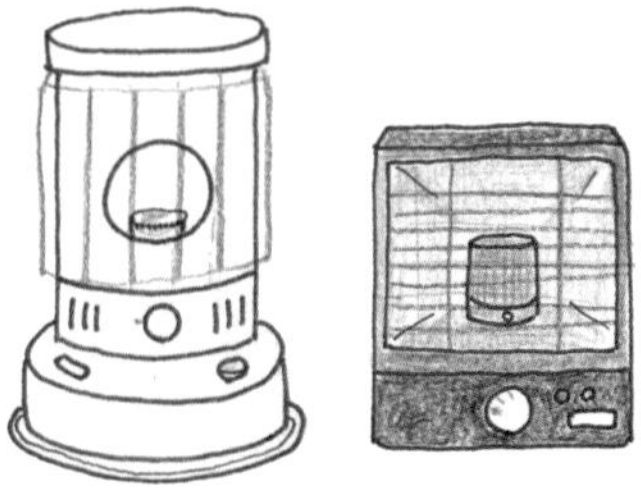

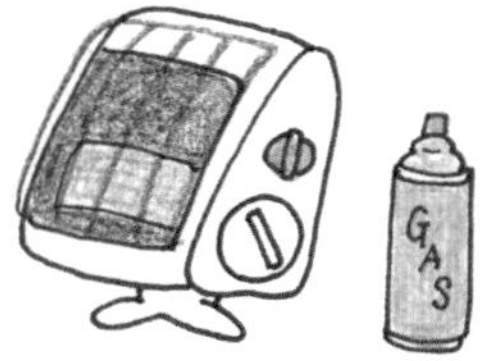

カセットガスストーブ

収納しやすい大きさと、持ち運びやすさからキャンプにも人気。ただ、避難生活にはランニングコストが高めなので予備暖房として

カイロ・湯たんぽ

お腹や胸のあたり、胴体を中心に暖めると、全身に暖かさが行き渡りやすく効果的

食べて動いて自家発熱

腕を回す、足踏みをする…そんな単純な動きでも15分くらい続けると心地いい暖かさを得られます。食べること（咀嚼～消化）も運動です

防災memo

キャンプの残りの薪や炭があっても、住宅地、および、余震が続いている状況での焚火は控えましょう。避難場所や広い場所で行う場合も、必ず消火器を用意し、常に複数の目が注意を払うようにしてください。室内でなんてもってのほか。余計な二次災害を起こさないよう努めましょう

夏

夏は暑い。もはや冷房のない日本の夏は熱帯です。
加えることで対処できる寒さより、暑さ対策のほうが厄介です。
体温調整をいかに上手くするかが肝になるでしょう

ゆるい服

締め付けのない衣服で、水ではなくスポーツドリンクなどで水分+塩分補給を怠らず…とにかく何もしない！

これがキホン！

外から直接冷やす

濡れたタオルや冷却ジェルシートを、首筋、脇の下、鼠径部に当てて太い血管を外から冷やしましょう

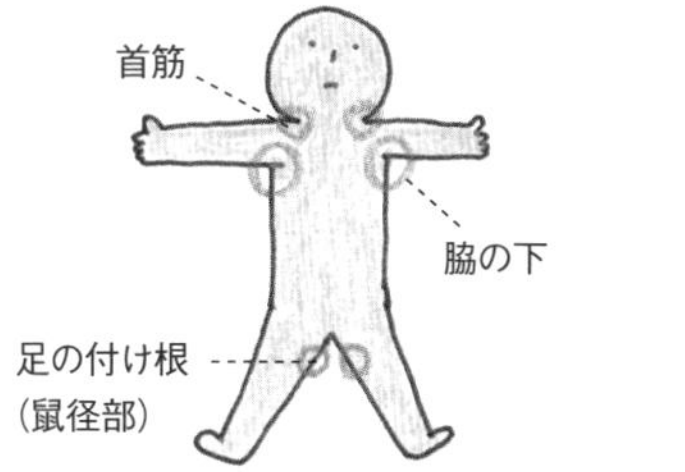
首筋
脇の下
足の付け根
（鼠径部）

気化熱を利用する

あえて濡らした衣服を着たり、霧吹きなどで皮膚を濡らしたり。濡れたタオルを首からかけるだけでもかなり体感に差があります。それをうちわで扇ぐと、さらにひんやり

シュッ
パタ
パタ

ぬれタオル
さいこう〜

水風呂

水があれば最高の方法！

ハヒ〜
冷やし過ぎないように…
別の問題が生じます！

防災memo

夏の避難生活で留意してほしいのは、熱中症です。夜間でも室内でも陥ることを忘れないように。めまい、ふらつきを感じたら、熱中症の入口かもしれません。このページの対策は、熱中症予防にも発症後にも有効です。積極的に諦めず行いましょう。スポーツドリンクを経口補水液にして、それでも改善しなければ救急車を要請してください。経口補水液は粉末タイプが便利です

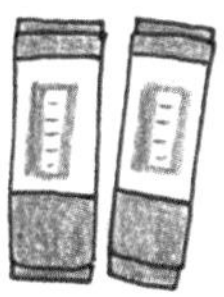

12

拭くだけバスタイム

避難所に入浴設備があることは稀ですが、在宅避難では、ガスが無事なら停電時でもガス給湯器が使えるケースがあります。しかし、水が出なければ当然入浴できません。アウトドアをたしなむ人たちでさえも、入浴できないことに対する感覚は大いに個人差があり、季節によっても異なりますが、垢で死んだ人はいないはずなので安心してください。とはいえ、衛生面と精神面の問題がありますので、できるだけ体を清潔に保つように心がけましょう。

意外とだいじょうぶだよ！

STEP 1

濡れたもので体を拭く

拭くだけで案外スッキリしますよ！

もっともスタンダードな方法です。この程度でもするとしないでは雲泥の差。次ページのオプションアイデアと組み合わせてチャレンジしてみてはいかが？

DEODORANT
BODY PAPER
からだふきシート

濡らした手ぬぐい・タオル

手ぬぐいは薄手なので水が少なくて済み、乾きも早いです

市販のウェットシート

これなら水要らず。市販の汗拭きシートやデオドラントシートを常備しておきましょう

> キャンプmemo
>
> 入浴できるキャンプ場や山小屋もありますが、ない場合は同じように拭くだけで済ませます。下着が取り替えられないときは、私はパンティライナー交換で解消しています

お湯があるときのオプションアイデア

避難生活では、お湯で顔を洗う、手足を浸す、それだけでも至福の時間。
今回は溜めておいた風呂水をカセットコンロで温めて使ってみてください

洗面器2杯のお湯で洗髪

泡だたなくても
お湯だけでもOK

1. ブラシやクシを使って髪を濡らす
2. 少ないシャンプーや石鹸で頭皮を洗う
   泡が立たなくても気にしない！
   使わなくても大丈夫
3. ブラシやクシを使ってすすぐ
4. 大体すすげたら、ゆっくりと洗面器のお湯で流しながら排水する
5. 2杯目の洗面器のお湯で③〜④をくり返す

＊リンスがしたい人は、洗髪後に洗い流さないトリートメントや、ヘアオイルなどで整髪しましょう

洗面器1杯のお湯でバスタイム

お湯が作れるなら
ぜひ、お試しあれ
ほかあ

1. コップ一杯分、別に分けておく
2. 顔を洗う
3. 足湯・手湯をする
4. 手ぬぐいを濡らして体を拭く
5. 局部を洗浄しながら排水し、①のコップ半分のお湯ですすぐ
6. 残りの半分は、歯磨き用に

＊順番・スキップはご自身の倫理に従ってください

防災memo

数日入浴しないと、体より頭が痒くなってくるもの。洗髪するほど水がないときは、濡らした布や手袋で頭皮を拭くだけでずいぶん違います。水の要らないドライシャンプーなどのグッズもあるので、ぜひ備えておいてください

無理なくで！

Check!

☐ 拭くだけバスタイム、どうだった？

スッキリ！　　ありなし　　無理

note ______________________________

____

12

高性能ウエアで快適避難生活

外で避難生活をする場合、持ち出す着替えに限界があります。高機能なアウトドアウェアを利用しない手はありません。

アウトドアウェアの特徴

アウトドアウェアに求められるのは、動きやすさはもちろん、変わりやすい天気や朝晩の寒暖差から身を守ることでもあります。とくに衣服を濡らすことは、体温を奪うこと（つまり命にかかわること）と直結していて、細心の注意をはらいます。それに加えて数日間をミニマムな着替えで対応するために、素材やレイヤリングを工夫しなくてはいけません。通勤や通学だって意外に過酷な環境下です。日常着にも役に立つと思いますよ

こう見えて
下着と靴下は
アウトドア用です！

速乾性

スポーツウェアと同様、ポリエステルを中心に汗や雨に濡れても乾きやすい素材で作られています

Tシャツ

シャツ

薄手のフリース

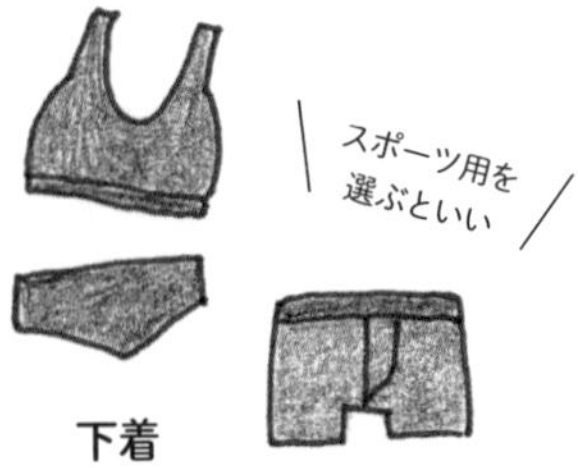
スポーツ用を
選ぶといい

下着

タイツ

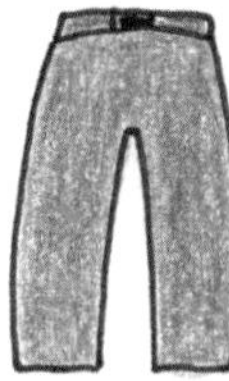

パンツ

吸汗性

アンダーウェア、靴下など直接肌に触れるものには、汗を吸っても肌に濡れを感じさせない素材が適しています

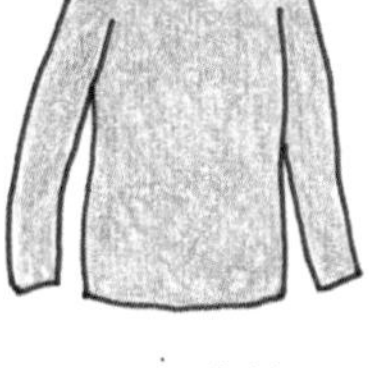

ウール素材

メッシュ状の
新素材が続々登場！

メッシュ素材

防臭性

着替えられないことを考慮した機能

昔はよく、
あの人
登山何日目だろう？
ということがあった
ぐ…

防水浸透性

ゴアテックス®に代表される素材。主にレインウェアに使われます

雨ははじくが
汗は逃がす

防風性

風は体温を奪う大敵！レインウェアでOK

バババババ
多少の
はっ水性もある
ウインドブレイカーが
山ではいちばん
出番が多い

保温性

防水、防風だけでは温かさを保てません。ダウンのほか、化繊綿、ウール、フリース素材も○

ダウンジャケット
ダウンパンツで
ポカポカ
最強
みしゅらん君じゃないよ

キャンプmemo

スポーツウェアの特徴は、タイトフィットでも立体的なつくりで体を締め付けないようになっているところです。暑いときは遮光と通気性を重視、寒いときはレイヤリングで対処するのがアウトドアにおけるウェアリングの基本です

うごける

13

「あれば」チャレンジ

浄水器で浄水する

水は命！

水道から飲める水が出て、美しい沢水や湧き水が豊富な日本。アウトドアをしていても「浄水器」を持っている人は、まだ多くありません。しかし近年、環境汚染や野生動物がもたらす寄生虫の影響などを危惧して、携帯することが推奨されつつあります。

アウトドア用の浄水器は、ゴミやチリはもちろん、細菌やウィルスまで除去するものがほとんど。これさえ持っていれば、（飲みたいかは別問題として）海水以外、どんな水もほとんど飲めます！

ポータブル浄水器が便利

浄水器を持ち運びできれば、どこででも飲み水を確保できます。現段階では、需要がある外国のメーカー製のものがほとんど。きちんとアウトドア実績がある製品を選んでください

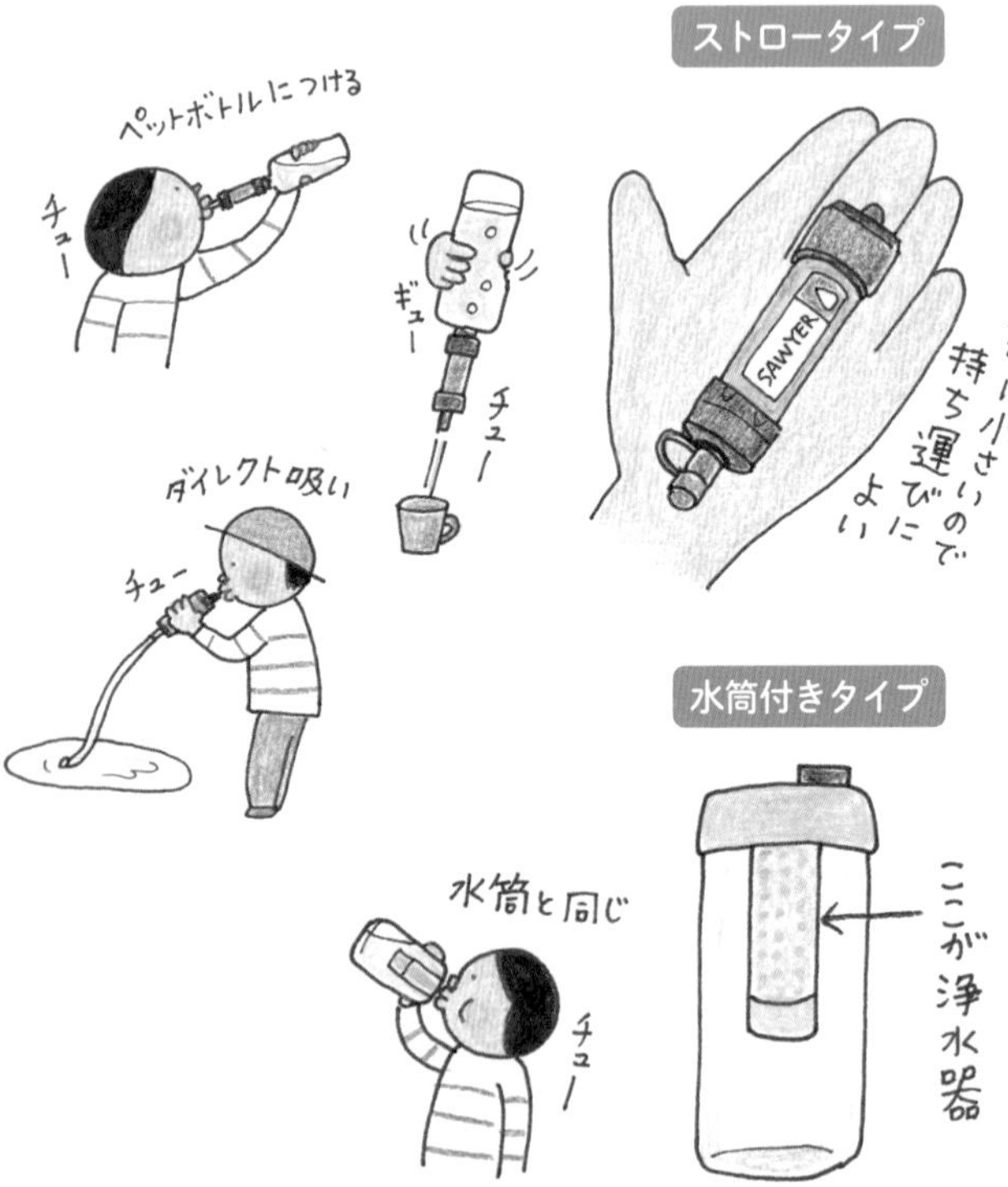
ストロータイプ
ペットボトルにつける
チュー
ギュー
チュー
SAWYER
こんなに小さいので持ち運びによい
ダイレクト吸い
チュー
水筒付きタイプ
水筒と同じ
チュー
ここが浄水器

STEP 1

\ 浄水器があれば、こんな水も飲める！ /

浄水して飲んでみよう

浄水器を信じていいものやら心配だと思いますが、勇気を出して試してみましょう。大丈夫だと身をもってわかると水に対する不安が軽くなり、世界が広がりますよ

風呂水

「香り」は、浄水した後の水や浄水器のフィルターにも残留するので、入浴剤が入っていたらNG。もし香りがフィルターに残留すると、その後の浄水すべてに影響します

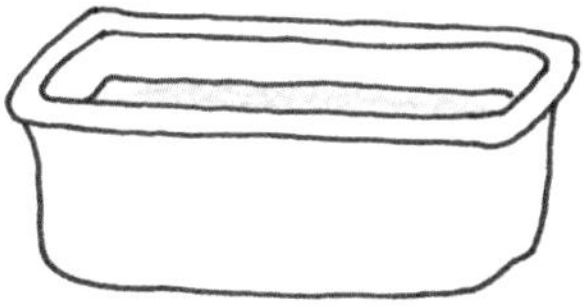

トイレの水

タンクには上水が溜まっているだけなので、問題なく飲めます。風呂水同様に、洗浄剤や芳香剤が入っていたらNG！芳香剤等はタンクではなく、便器に付けるタイプを選びましょう

自然の水

川、沢、湖、池…水が豊富な日本なら、水場を見つけることに困りません

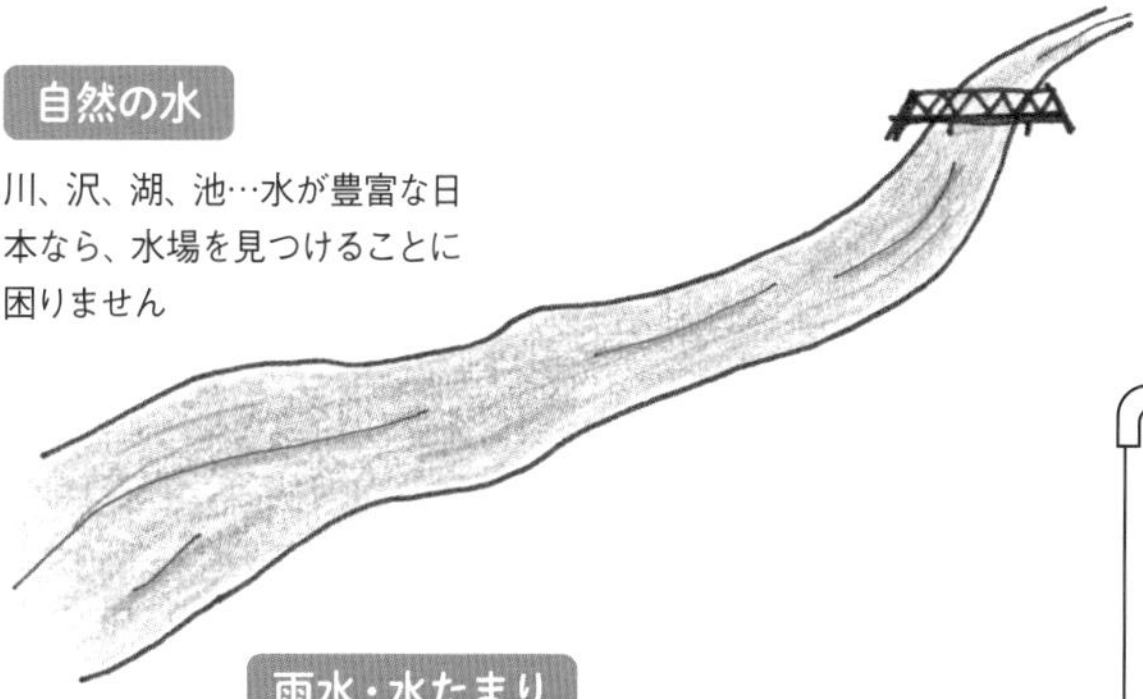

雨水・水たまり

降りたての雨は動物や細菌の影響を受けていないので、むしろ飲むのに抵抗が少ない水です

キャンプmemo

ゴミやチリ等は残りますが、浄水器を使わなくてもほとんどの水は煮沸すれば消毒できます。ただし、標高が高いと沸点が下がるため、十分に消毒するなら5分以上沸騰させましょう。ちなみに、水道水だって川の水を浄水場で浄水したものです

Check!

☐ 浄水して飲んだ水は…＿＿＿＿＿＿の水

note＿＿＿＿＿＿＿＿＿＿＿＿＿＿＿＿＿＿

13

水の備え一考

人間が生きるためには水が必要不可欠。必ず目安量は備えておいてほしいのです。水は日常生活で毎日使うものですから、もっとも活発にローリングしてストックできます。

水

ミネラルウォーターの箱買い

日常的にミネラルウォーターを飲んでいるのなら、通販の定期便を利用するのが賢い選択。買い忘れを防げるうえにお買い得です。常に目安量（3ℓ × 3日分 × 人数）が残るように再注文するようにしましょう。ふだんペットボトルの水を買わない人は、防災用として長期保存が可能なものを備えてみては

水

ローリング水道水

水道水を水筒やペットボトルに満杯に詰めて蓋をし、保存します。順番に使用したら詰め直して、常に目安量（3ℓ × 3日分 × 人数（目安））を保つ方法です。慣れるまで面倒ですが、習慣になれば合理的かつ経済的です。飲料水はミネラルウォーター、生活水はローリング水道水と分けてストックしてもいいでしょう

ポリタンクのような大きな容器に汲んでしまうと重くて使いにくいので、自分が片腕で持てる程度の容器に溜めるのがポイント

水

ローリング水道水の使い道

私は台所と洗面台に置いて、それぞれの場所でローリングしています。溜めた水を目に見える場所に置いておくのが上手くローリングさせるコツです。殺菌成分（カルキ）が入っている水道水はおいそれとは腐りませんが、口に入れるものは５日間以内に交換したものを使うようにしています。長らく使うのを忘れちゃってもいいので根気よく溜め続けてください。その水に救われることがあるはずです

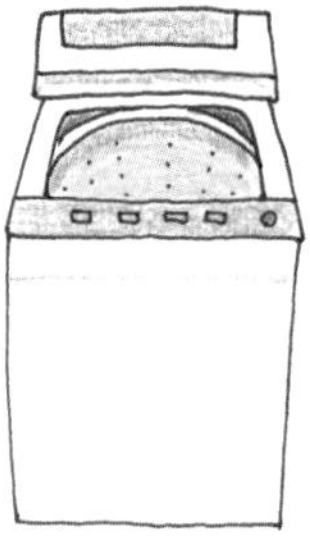

洗濯

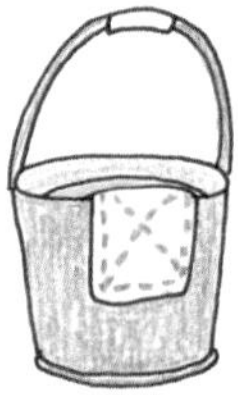

掃除

植木の水やり

調理

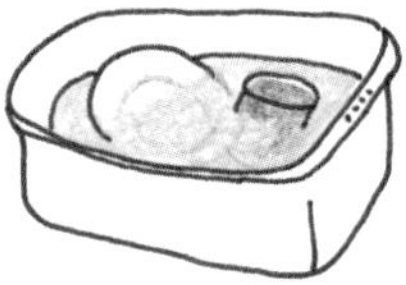

洗いもの

お茶など

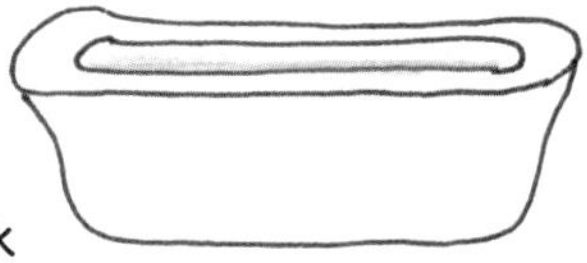

風呂水

防災memo

断水になると、わりと早めに給水車が来て給水所が開設されます。大型で丈夫なポリ袋と大型のバックパック（リュック）、もしくは台車があると運ぶのに便利です

【ポリ袋＋バックパック】

ザックにポリ袋を
入れたまま 給水

おもいよ
でも手に持つより
ラクだよ

【台車】

おもいよ
でも
手に持つより
ラクだよ

14 暗い夜に備える

STEP 1

暗くなる前にライトを準備する

お持ちの懐中電灯等の電池が切れていないかを確認しましょう。ひとり1個以上、自分用のライトを準備してください。在宅避難するときには部屋を広域で灯せるものがひとつあると便利です

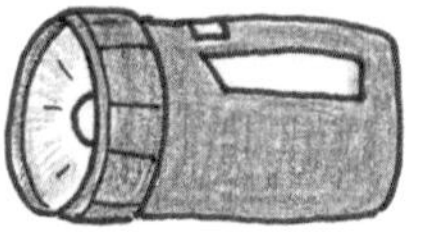

いつもの懐中電灯に一工夫

ライトの光をペットボトルの液体に通したり、ふんわりレジ袋をかぶせたりするとランタンのように明るさが広がります。部屋全体が灯ると不思議と安心感が増しますよ

防災memo

ろうそく、たいまつ、ランタン、焚火など「リアル炎」での明かり取りは、火事や一酸化炭素中毒の恐れがあるので室内ではNG。大きな災害後はどこかでガス漏れしている場合もあるので、外で使うときでも注意してください

地震、台風、大雪……。あらゆる災害で起こる可能性の高い停電は、我々がもっとも経験する被災です。そのため、懐中電灯などは備えている人が多いのではないでしょうか。日中の停電なら行動するのにそれほど不便を感じませんが、夜間は違います。おうちのなかが暗いだけでなく、外灯も信号もネオン看板も、街中が真っ暗になり不安を煽ります。もちろん避難するときにもライトは必需品。暗くてもすぐに手が届く場所に置いておくのをお忘れなく。

懐中電灯だけじゃない！

おすすめの非常用ライト

アウトドアでは、定番の懐中電灯ではなく、こんなライトをよく使っています。特徴は軽量でコンパクト、邪魔にならないのでバッグに忍ばせてどこへでも持っていけます

ソーラーランタン

電池の要らないソーラー式のライト。ビーチボールのような作りで、使わないときはペッタンコになります。ふくらませて吊り下げれば、シーリングライトとしても申し分ありません。常時窓辺に置いて充電しておきましょう

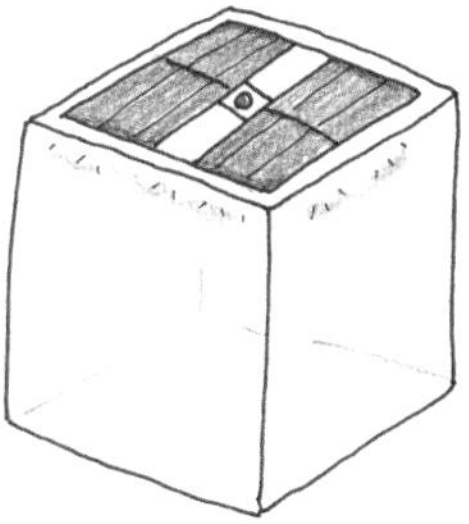

USB充電式ライト

充電式は毎回フル充電で電池の残量を心配せず出かけられるのが嬉しい。予備の乾電池を持たなくてよく、荷物の軽量化にも◎。乾電池に入れ替えても使える機種がおすすめです

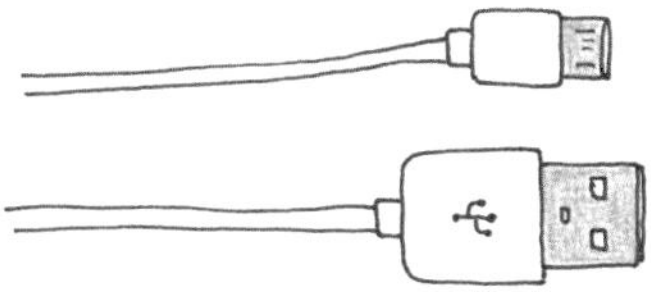

ヘッドライト

アウトドアの必携品。防災のためでも各自1つずつ備えたいライトです。頭か首につければ両手が使え、荷物を持って歩いたり、料理をしたりするときにも重宝します。懐中電灯のように手持ちしても軽くて使いやすいです

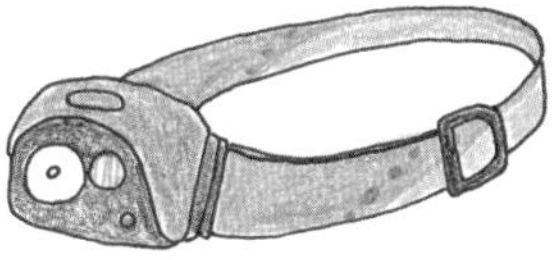

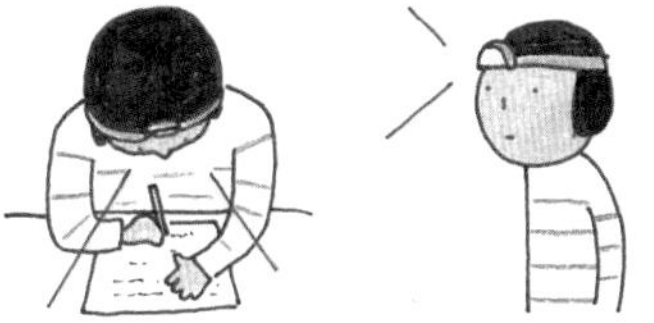

防災memo

他のインフラに比べて電力の復旧は早いといわれていますが、停電が数日に及ぶこともめずらしくありません。予備の乾電池を買い置きしていても、手持ちのライトとサイズが合っていなければ意味がありません。使用済み電池が混ざっていないかを含め、一度チェックしておきましょう

Check!

☐ 明かりは十分でしたか？

十分　足りない　暗い　こわい　楽しい

note ______________________________

____

14 電力とバッテリー

どんな災害時も付いて回る停電。ここでは電力をつくるか、貯めておくためのさまざまな機器をご紹介します。

発電＆蓄電＆充電いろいろ

停電時、案外いちばん打撃に感じるのは「スマホを充電できない」こと。節約しながらスマホを使う程度の電力なら、備えるのはそう大変ではありません。もし、我慢せずスマホなどの電化製品を使いたいのであれば、それだけの電力をつくるか貯めておけばいいだけのことです。自分に合う機器を見つけて、対策を講じておきましょう

ガソリン発電機

いわゆる「発電機」。燃料はガソリン。屋内では使えません。パワーはありますが、本体に蓄電できるわけではないので、直接コンセントやバッテリーを繋ぎます。管理や扱いに注意が必要なので、家庭用というよりは、人が集まる場所や施設向きの機器です

携帯用ソーラーパネル

太陽光で発電します。直接繋いで使用するには、携帯用パネルではパワー不足なので、一旦バッテリーに蓄電してから使います。天候に左右されるので安定した充電はできませんが、「ゼロから電気をつくれる」という点で、持っていて損はありません

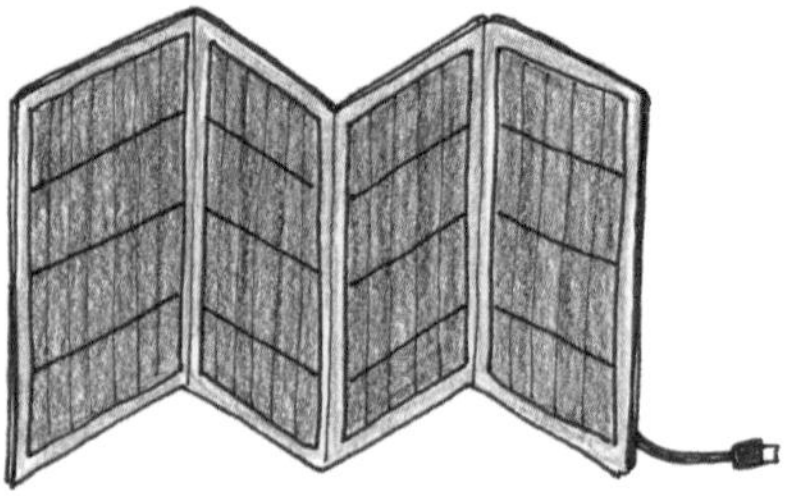

車

車も立派な発電機です。いまや災害時に備えて、車自体が大きなバッテリーとなる電気自動車も販売されています。キャンピングカーなんて、もはや「動く在宅避難所」です

大容量モバイルバッテリー

スマホ充電を4～5回できる容量のバッテリー（推奨スペック16000mAh以上）を、1人最低1個は必ず備えておきましょう。1泊以上のアウトドアにもこのくらい容量があったほうが安心です

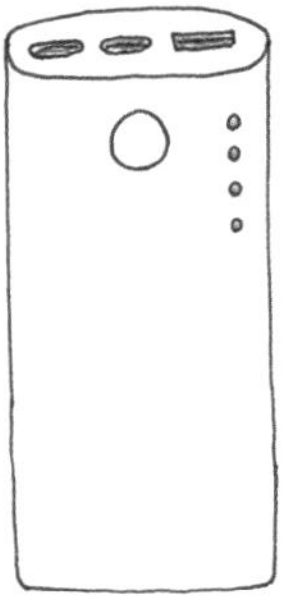

乾電池タイプの充電器

これをメインの充電器にすると、乾電池を大量にストックする必要があり、持ち運びも大変です。しかし、充電式のバッテリー切れやソーラー発電できない日のために、やはりひとつは備えておきたい気がします

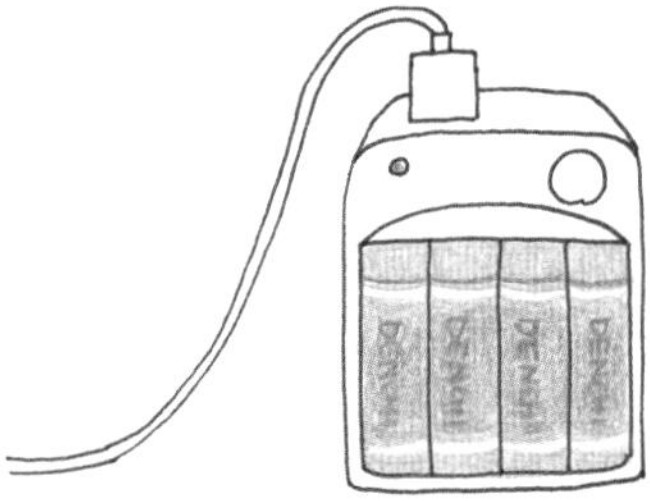

ポータブル電源

家電も使えるほどの大容量のバッテリーです。家族での在宅避難や数日間のキャンプを想定するなら、高価ではありますが検討してみてください（推奨スペック：正弦波タイプ300wh以上）。常にフル充電しておくのをお忘れなく

うん…
停電すると
いかに日々
電力に頼っているか
わかるよねぇ…

防災memo

毎月の電気代は気になっても、なににどれだけ電気を使っているかは見えにくいものです。大容量のバッテリーを手に入れたら、ぜひとも次のSTEPとして満タン状態からゼロになるまで使ってみてください。ソーラーパネルなどの発電できる機器も同様、どういう条件でどのくらい蓄電できるのか試してみることで停電したときに冷静に電力をキープできます。日常の節電のヒントにもなるでしょう

15

「あれば」チャレンジ
もう、夜は寝よう

暗くなったらさっさと寝ましょう。避難中は精神的に高ぶっていたり、逆に落ち込んだりしやすく、自分が思っているより疲れています。できるだけ早く休むように心がけましょう。なかなか眠れなくても、暗い場所で横になって目を閉じているだけで、睡眠に近い休息が得られることは科学的に実証されています。眠れないからと、ずっと起きていたり、余計な心配事を考えたりしないようにしてくださいね。ここでは、アウトドアで使う寝具をご紹介します。

STEP 1

やることがなくなったらお休みください

寝袋などのアウトドア寝具が「あれば」使ってね！

寝袋（シュラフ） 掛布団の役目をします。形状や中に入っている素材で、それぞれ大きく2つに分類できます

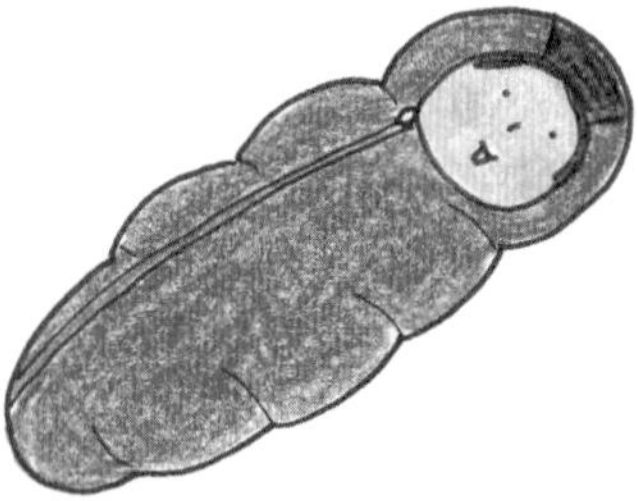

マミー型

寒い季節や涼しい場所で使う場合に。ダウンを使ったシュラフに多い形です

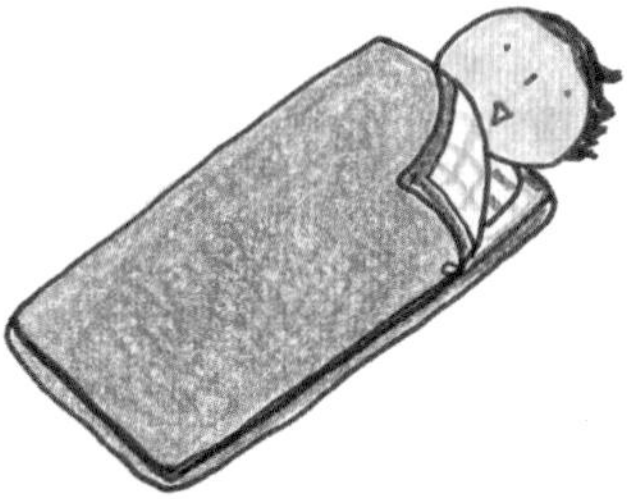

封筒型

室内やさほど環境が厳しくない室外向き。広げれば1枚の掛け布団にもなります

中の素材は主にこの2つ

ダウン（羽毛）

軽くて暖かい。圧縮すればコンパクトに収納できるため、登山キャンプに重宝します。濡れると温かさを失うので要注意！比較的高価です

中綿（化繊）

手入れが簡単（通常洗濯可）。春～夏のキャンプ場で使うなら十分暖かいですが、ややかさばります。ダウンに比べれるとかなり重いです

マット

敷き布団の役目をします。寝心地はもちろん、地面（床）からの冷気を防ぐために必需品です

エアマット

ゴムボートのように空気を入れて使うマットです。クッション性に優れ、コンパクトに畳むことができます

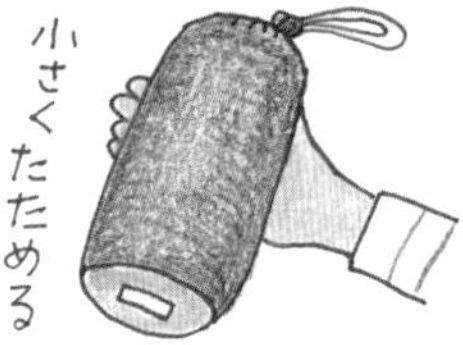
小さくたためる

軽いけど
たたんでも
かさばる

ウレタンマット

「銀マット」に代表され、敷くだけで使用できます。かさばりますが、気兼ねなく扱えて、暖かさに安定性があります

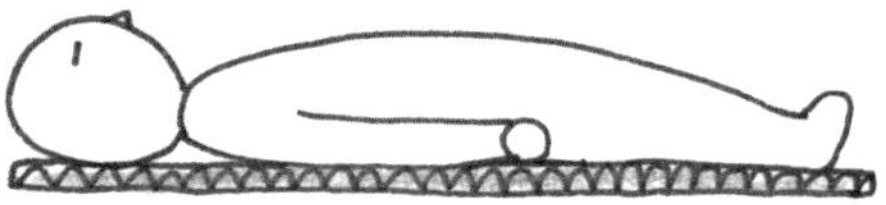

コット

COT

低いベッドのようなもの。ベンチのようにも使えます。地面と離れているため、暑いときは風通しがよく、寒いときは地面の冷気を直に感じません。持ち運ぶ用には作られていないのでオートキャンプ向け

キャンプmemo

寝袋もマットも季節や行く場所によってスペックが選べます。お値段もピンキリ。それぞれに長所短所があるので、自分のスタイルに合ったものを選ぶこと

Check!

□ すぐに眠れましたか？

眠れた　　眠れなかった

note ______________________

____

15

長い夜のひまつぶし

大規模災害でない限り、在宅避難中は意外とヒマなものです。そんなときのために、アナログな遊びを用意しておきませんか？

ひまつぶしのアイデア

わかっているつもりでも「スマホ見よ！ゲームしよ！テレビ観よ！あ…停電しているんだった…」を繰り返す避難生活。ひまにしていると襲ってくる不安を撃退するためにも遊びましょう

これなら1人暮らしでもOK！

K
3
JOKER

トランプ

1人でも、家族全員でも。カードゲームはもっとも手軽に人数問わず遊べるのが魅力

読書

買ったまま読んでいない本、好きだった本、ジャンルを問わず手に取ってみましょう

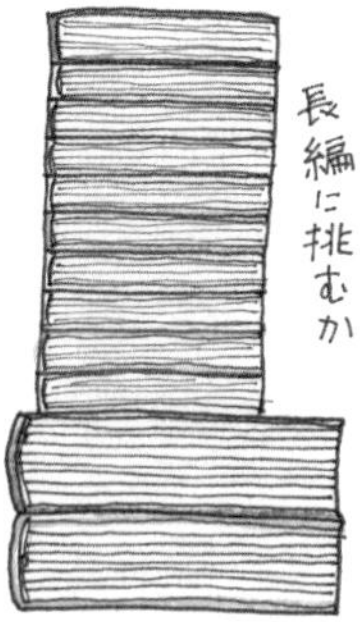
長編に挑むか

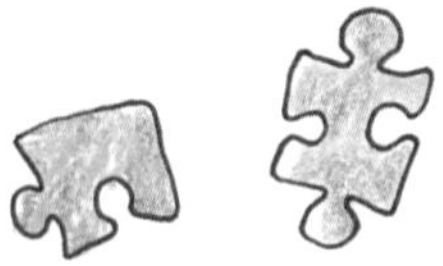

3000P
世界の美しい山
3000P

ジグソーパズル

防災備品として未開封のパズルを常備しておくのもアリでは？

ラジオ

電池の消費が少ない小型ラジオは、人の温もりと情報も得られて一石二鳥。アウトドアでも便利。一家に一台ぜひ！

2人以上なら

ボードゲーム

テーマも難易度も所要時間も種類いろいろ。すごろく的なものから、謎解きや推理するもの、心理テストのようなゲームまで大人でも十分楽しめます

オセロ・チェス・囲碁・将棋・麻雀

ポケットサイズも出回っているので、アウトドアに持って行っても楽しいアイテム。ボードゲームのクラシックは奥深い

ツイスター

ずっと部屋に閉じこもっていると体がなまる。そんなときはツイスターゲームがおすすめ！

日中はコレ

中or外で体を動かす

ある程度広い安全な場所があるなら、少し体を動かしましょう。ちょっとしたボール遊びや、バドミントン、羽子板などいかがでしょう

防災memo

避難所や車やテントなど、狭い場所で長時間じっとしていると、血流が悪くなり起きる「エコノミー症候群」になってしまいます。重症化すれば死に至ることも。できれば外でラジオ体操や散歩、軽くストレッチをしたりするだけでも予防効果があります。立ち上がって運動できない状況であっても、意識して手足を上げたり振ったり、定期的に動かすようにしてください

column 02

ペットの防災

ペットと一緒に入れる避難所はまだ多くなく、そのために在宅避難や車中避難を余儀なくされる人も。物を言えない彼らのために、人間以上にしっかり準備しておきたいですね。

ライフライン

熱帯魚など水、電気、ガスが止まると生命が維持できないペットのためのバックアップを考えましょう

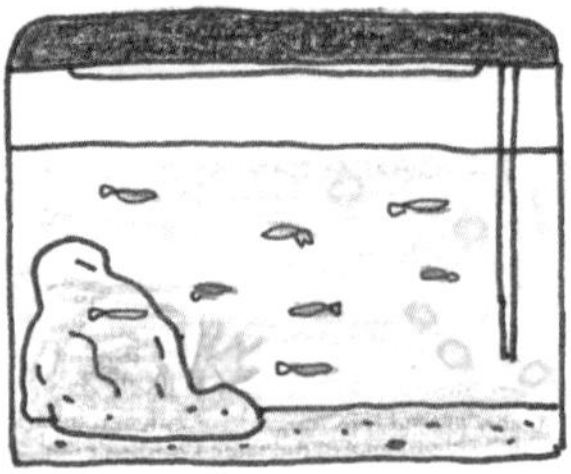

いぬまっしぐら
ワンダーフル
おにく

餌

ペットに必要な飲料水の量も把握して、ローリングストックしましょう

…

排泄物

とくに哺乳類の場合のトイレ用品のストックも要チェック

TECCHAN
TOKYO
SHIBUYA
090-123-456

身元表示

逃げ出す可能性のあるペットには、必ず首輪と身元表示タグなどの装着を！いつもはおとなしくても、災害時にはパニックになることがあります

一時避難所の確保

飼い主避難中に、信用して預けられる場所や人を見つけておきましょう

ハーイ
しばらくよろしくね
これエサ…

一緒に避難する練習

避難時、避難所ではペットにとっても非日常が待っています。イレギュラーな行動で周囲を巻き込むことも…。余計な問題を避けるためにも「ゲージに入れる」「ゲージに入れて運ぶ」「離れず行動できる」「他人に慣れる」などを双方で練習しておくといいでしょう

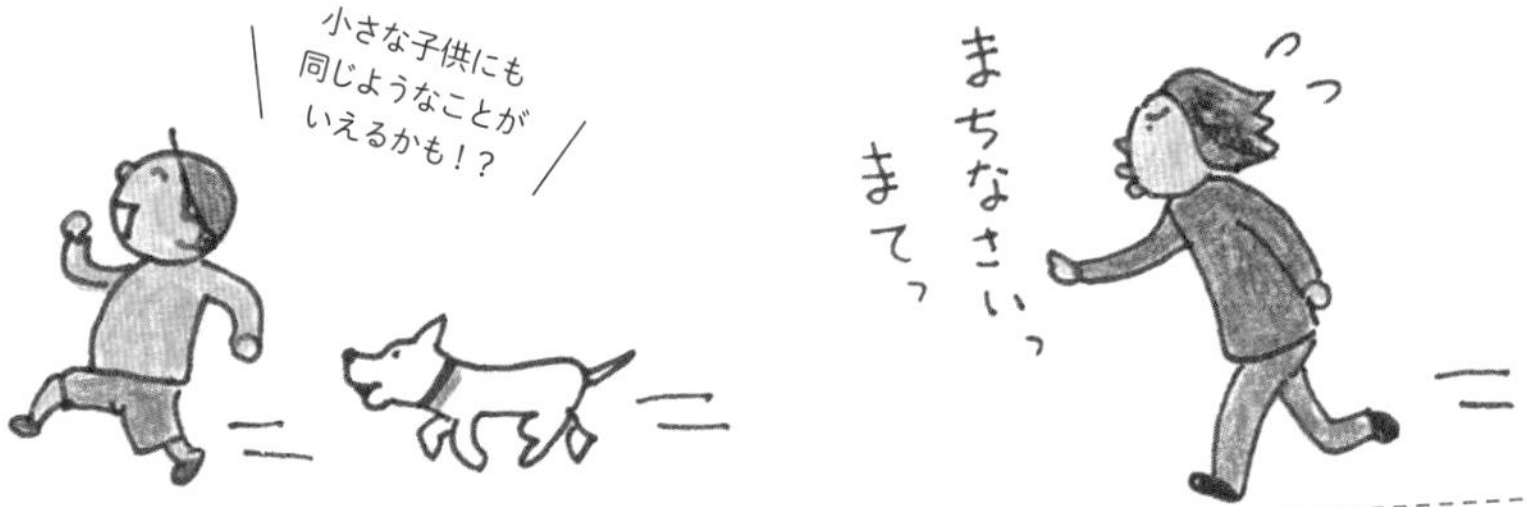

外出中の被災対策

災害発生時にペットと一緒にいるかは分かりません。人間と違って連絡もとれず不安が募るでしょう。そんなときのためにも「見守りカメラ」や「GPS」が役に立つかもしれません。あらかじめ近所の方に安否確認をお願いしておくのもいいと思います

ペットだけ「在宅避難」の想定

避難所がペットを受け付けていなかったり、連れて行くのに不安がある場合はペットだけ「在宅避難」させておく手もあります。留守番に慣れさせる、自動給餌器の導入も検討してみては。避難時にはペットが家にいることを張り出しておきましょう

私の おうち避難体験記

北海道胆振東部地震（2018年）で約3日間在宅避難していたときの、正直な感想です。たった3日間でしたが、現実の避難生活は想像していたより殺伐として孤独でした。ご参考までに。

平日の昼間からゴロゴロゴロゴロ…
あーあ これが停電じゃなければなぁ〜

基本的にヒマ

あの広い北海道が全道停電。逆に言うと私の自宅はそれだけで済んだので、一日の大半は何も出来ることがなく「ヒマ」でした。登山・アウトドアのグッズと心得があったおかげで、困ることが少なかったのもあったのでしょう。暗くなれば寝て、明るくなれば起きて、水汲みに行って、トイレ借りて、倒れたものを片付けて、スマホで情報とって、何か適当に食べるだけ。状況に慣れてくると本を読んだり、日記を書いたりと余裕が出てきましたが、はじめのうちは余震も頻繁にあり、何にも集中できなかったおぼえがあります。

トイレやばい

停電後なにも考えず、用を足して流したが最期…タンクに水が供給されず、そこで水が出ないことに気付きました。次からどうしよう…と迷いましたが、まだそのときは楽観的で、すぐに復旧するだろうと便器に（小）をしました。さすがに（大）は、と河川敷に常設されている仮設トイレを思い出し徒歩で片道15分…長かった。その後は近くに貸してくれるコンビニを見つけましたが、用を足したトイレ方向からは何となく匂いが…。3日で済んだからよかったものの、一度の過ちを激しく後悔しましたよ。

なんか気になる…
ブルッ

盲点だった水問題

備えていなくて困ったのが「水」です。ペットボトルのジュースと缶ビールは何本かあったのですが、煮炊きには使えない。ちょっと手を濯ぎたくても、その水もない。そこで私はありったけの水筒を持って川に水を汲みにいきました。しかしその帰り、公園の水道をひねると水が出てビックリ。そこで、我が家（電気式ポンプ配水のマンション）だけなのだと知りました。まさか停電で水が出なくなるなんて盲点中の盲点。断水してるわけじゃないから水道局のHPにも載っていないわけです。

空のペットボトル捨てずに
少し残しておけばよかった

落ち着くと募る不安

被災直後はアドレナリンが出ているのか、妙に頭も冴えて元気でしたが、徐々に大変なことが起きていると分かってくると（停電していると広範囲の被災状況まで把握しにくい）、不安が上回ってきました。長年親しんでいる登山でインフラのない状況に慣れているとはいえ、これがいつまで続くのかが分からないのは辛かったです。そんなとき友人知人から届くＬＩＮＥや、ＳＮＳに書き込まれる励ましのコメントを読むとかなり救われました。好きな漫画を読むのも、精神衛生上よかったです。

避難所のこと

防災に対する知識があるほうだと自分では思っていましたが、実際に被災すると分からないことだらけ。その最たるものが「避難所」などの行政の取り組みでした。このときは「行くべきなのか」、そもそも「行っていいものなのか」が判断できませんでした。おそるおそる2日目に覗きに行ってみると、依存心丸出しのひとりの避難者が、運営ボランティアの学生に吠えていて、「私はここで一緒に避難生活できない…」とスゴスゴ帰宅しました。それが「おうち防災」を始めたキッカケです。

おうち防災チャレンジ

DAY2

さあ、2日目のチャレンジSTARTです。
たくさん防災への気付きを見つけてください！

16 寝室の模様替え

STEP 1

寝室の家具を見直す

寝室に背の高い家具はありませんか？ 阪神淡路大震災での死亡原因トップは「家や家具の下敷きによる圧死」でした。自分に倒れてこなくても、倒れたら出口を塞いでしまう家具がないかも確認してください

ベッド・枕の位置を変える

本棚やタンスなど背の高い家具から離れた場所にベッドをレイアウト

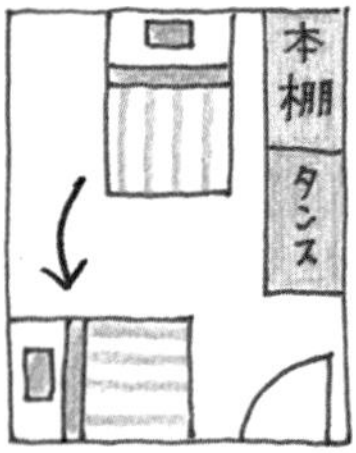

タテのものをヨコにする

本棚など背の高い家具を横にして低いレイアウトに

家具が倒れにくいよう補強する

補強工事が必要ない、防災用の補強器具も市販されています。また、本などの重いものは棚の下段に入れ、上段にはなるべく軽いものを入れると重心が安定します

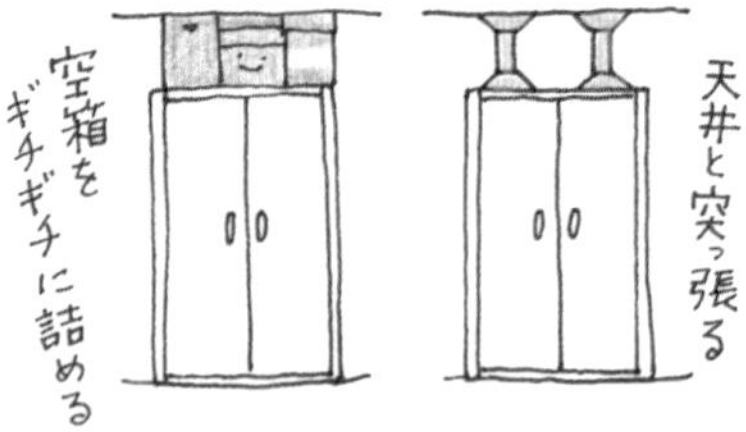

災害は私たちの都合を考えてはくれません。その時がきたら、その時起きます。とくに地震は予測ができないため、毎回意表をついてきます。もし就寝していたら、人によっては気付かないなんてこともありますし、気付いたとしても状況を理解するのにほとんどの人は時間がかかるでしょう。

いつも休む場所に横になって想像してみてほしいのです。いま、大きな地震があったら。いま、浸水してきたら……。あなたを襲ってくるものはありませんか？

STEP ②

すぐ逃げられる動線を確保

寝室のドアや窓をすぐ開けられますか？　浸水、火事で部屋に閉じ込められたら最後です。もしもの時に慌てず、すぐに部屋を出られる避難動線を確保しましょう

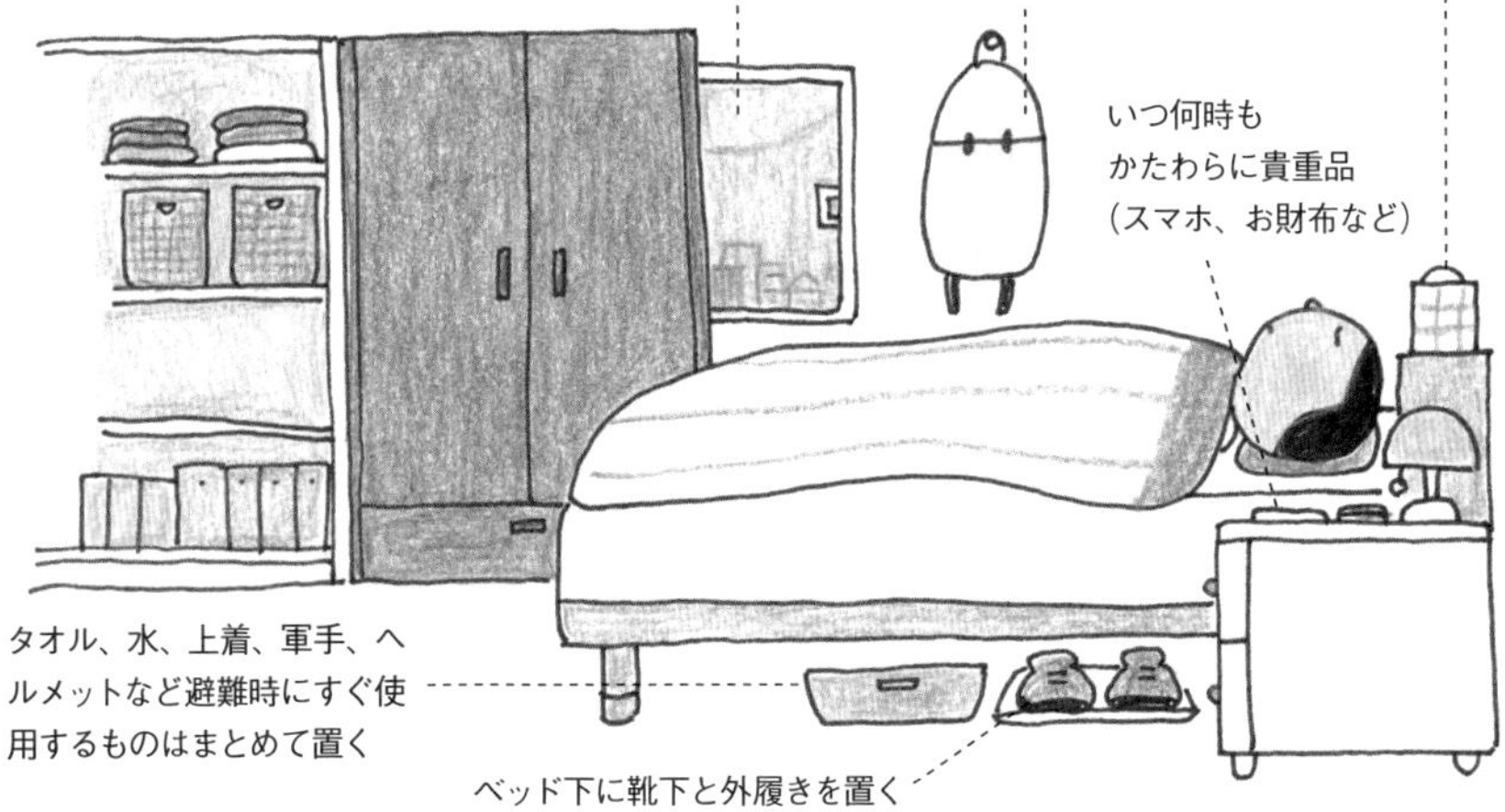
手が届くところに
携帯ライトを置く
持ち出し袋を
寝室に常備
窓を家具で塞がない
いつ何時も
かたわらに貴重品
（スマホ、お財布など）
タオル、水、上着、軍手、ヘルメットなど避難時にすぐ使用するものはまとめて置く
ベッド下に靴下と外履きを置く

防災memo

浸水、土砂崩れのハザードエリア内にある住居なら、寝室の位置も見直してみましょう。もし2階建ての戸建て住宅なら、浸水時は上階のほうが安心です。土砂崩れでも、崩れる可能性のある場所からもっとも離れた2階の部屋が安全だといわれています。お子さんや高齢者と同居しているなら、寝室の離れすぎも家族の検討課題です

土砂崩れハザード地

Check!

グッジョブ！

☐ **寝室を見直してみて…**

ヤバかった　改善の余地あり　大丈夫だった

☐ **寝室の改善ポイント**

16

おうち防災、もうひと手間

こんなちょっとしたことでも、やるとやらないでは大違い。ほんのひと手間で、おうち防災を強化できます。

キッチンにひと手間

キッチンはおうちの中でもっとも、割れ物、刃物、鍋など、凶器になりかねないモノの宝庫です。地震の揺れで食器や鍋が飛び出してきたら、ケガをしなかったしても片付けが大変ですよ

重いモノは下段に収める

戸棚の上段には軽くてあまり使わないもの、下段には重いものとよく使うものを収めます

上段に収めるモノの例
せいろ、ザル、重箱、キッチンペーパー、お菓子、干物など…

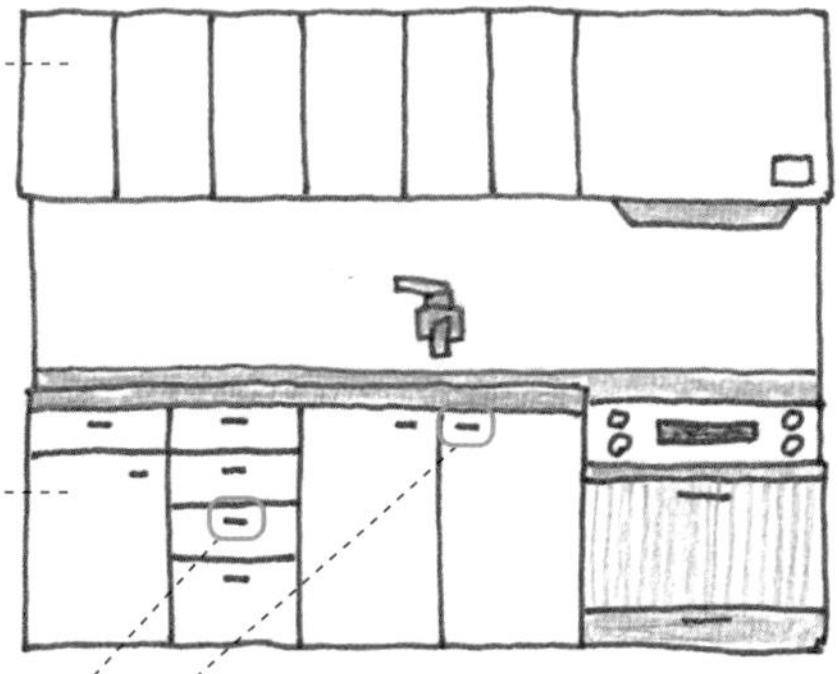

下段に収めるモノの例
土鍋、大鍋、大皿、ビン類、調味料など…

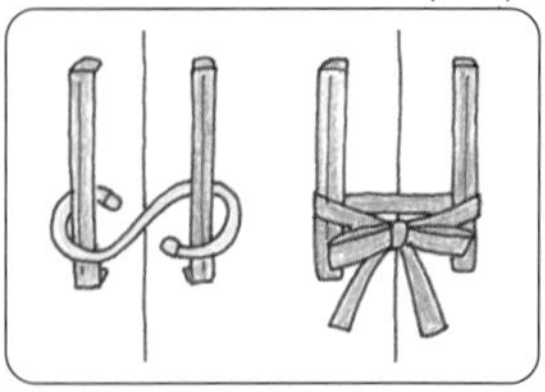

戸棚に開きにくいひと工夫

まずは、震度を感知してロックする耐震ラッチかどうかを確認してみて。もしそうでなければ交換するか、取っ手にS字フックやリボンをかけるだけでも有効。引き出しの飛び出し防止器具もホームセンターなどで市販されています

食器や台所家電には滑り止めシート

100均ショップでも購入可能な滑り止めシートでもある程度飛び出しを防げます。平らなお皿は大きさを揃えず重ねると耐震構造になるそう

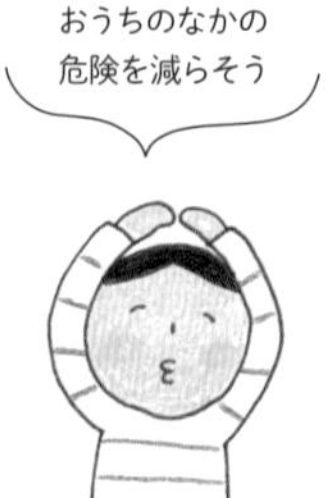

動線にひと手間

夜間の停電や火事の際、手元にライトがあってもパニックで間取りが分からなくなることがあります。勝手知ったる我が家のはずなのに、段差でつまずいたり、ドアが探せなかったり…。事前に対策しておきましょう

動線上に蓄光テープを貼る

太陽や蛍光灯の光を蓄えて、暗くなるとほのかに光る「蓄光テープ」を避難経路沿いに貼っておくと誘導効果が。懐中電灯などの光に反射して光る「反射テープ」でもOKです。ホームセンターなどで購入可能です

スマホや懐中電灯にも…

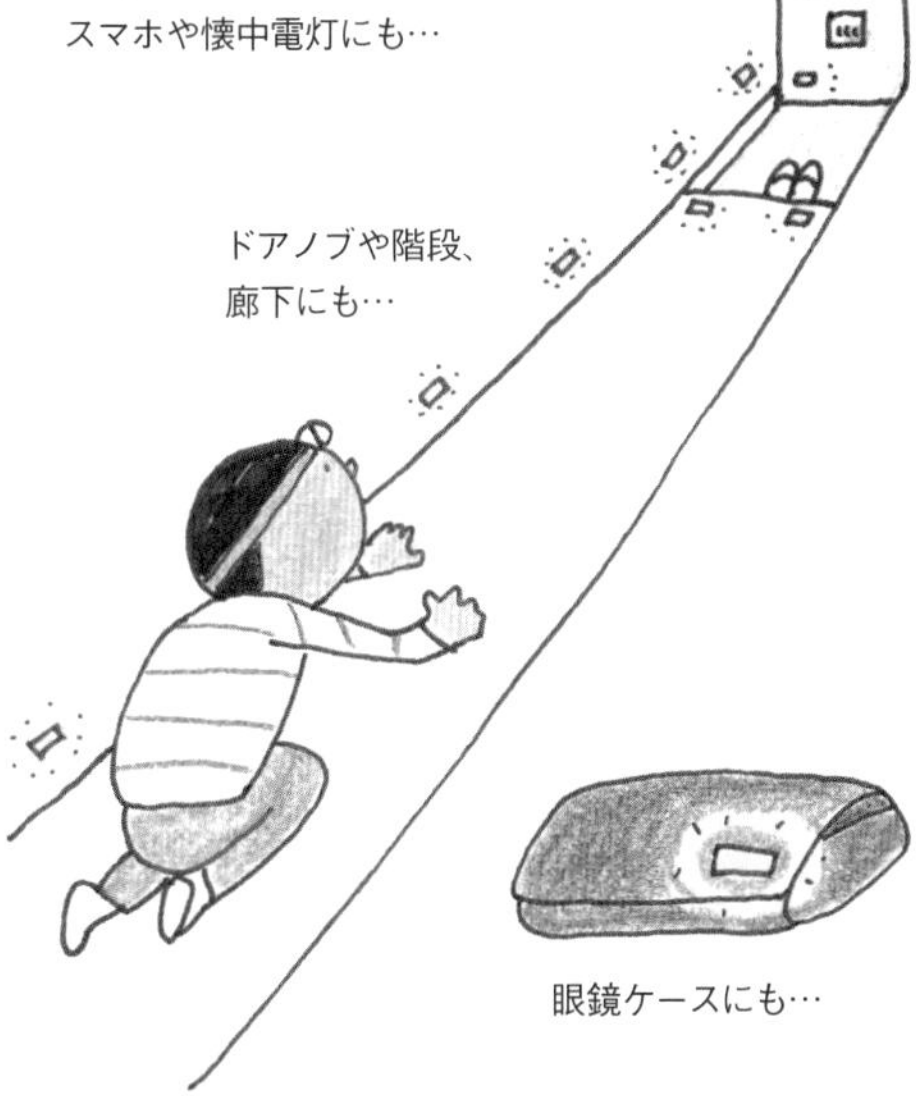

ドアノブや階段、廊下にも…

眼鏡ケースにも…

深夜の帰宅にも…

防災memo

にわかには信じられませんが、地震でテレビや電子レンジが飛んできたり、浸水で冷蔵庫が横倒しで流されたりすることがあるのです。ホームセンターに行けば、家具家電の転倒防止のための突っ張り棒や固定器具、滑り止めシートなど、たくさんのおうち防災グッズが売られています。ぜひとも導入を検討してください。あと「掃除・片付け」もおうち防災です。動線の床に物を置いたり、テーブルに余計なものを出したりしておかないように。意識して片付けましょう！

17

感想をまとめる

Check!

食料について

note

改善点

Check!

水について

note

改善点

Check!

燃料について

note

改善点

Check!

明かりについて

note

改善点

Check!

トイレについて

note

改善点

Check!

入浴について

note

改善点

Check!

スマホについて

note

改善点

Check!

なくて一番困ったもの

note

Check!

なくても意外と平気だったもの

note

Check!

避難めしでいちばんおいしかったもの

note

Check!

チャレンジでいちばん大変だったこと

note________________________________

Check!

いますぐ買い足す備え

note________________________________

Check!

□いい気づき

note________________________________

□現時点で「おうち避難」できる可能性 ________%

□総括して思ったこと

note________________________________

＼もしもの時の／

緊急連絡先

友人、職場、ホテルなどの連絡先を書いておこう

連絡先❶

住所：

電話：

連絡先❷

住所：

電話：

連絡先❸

住所：

電話：

連絡先❹

住所：

電話：

3章

もしも！に備える
おうち外避難の心得

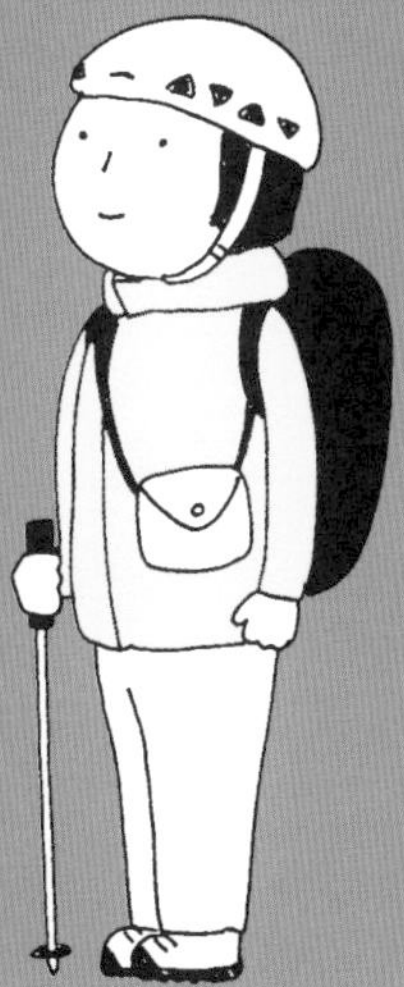

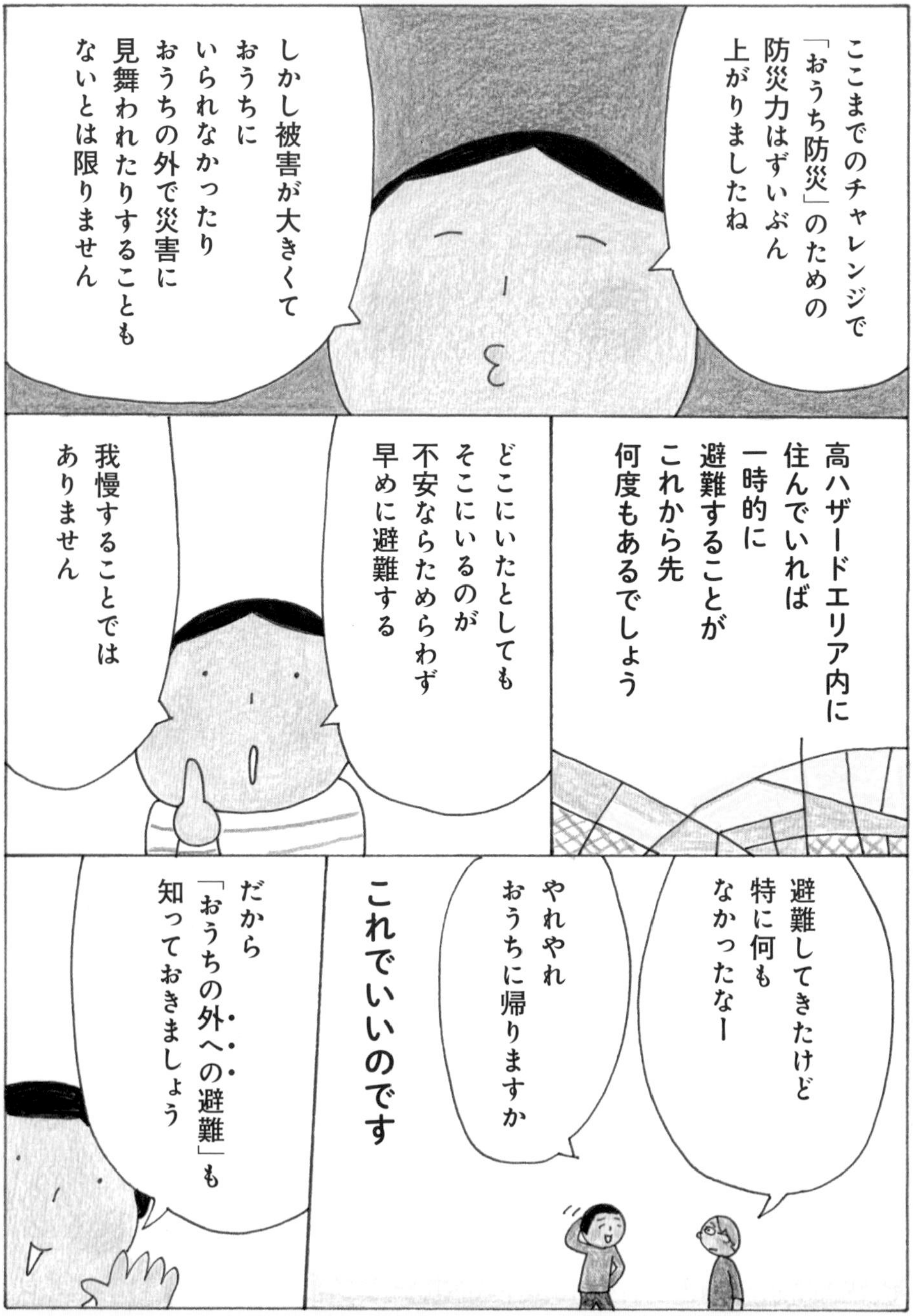
ここまでのチャレンジで「おうち防災」のための防災力はずいぶん上がりましたね
しかし被害が大きくておうちにいられなかったりおうちの外で災害に見舞われたりすることもないとは限りません
高ハザードエリア内に住んでいれば一時的に避難することがこれから先何度もあるでしょう
どこにいたとしてもそこにいるのが不安ならためらわず早めに避難する
我慢することではありません
避難してきたけど特に何もなかったなー
やれやれおうちに帰りますか
これでいいのです
だから「おうちの外への避難」も知っておきましょう

まずは基本的なことをおさらい
ニュースから聞こえてくる「災害・防災用語」
よく耳にしているはずですが少々難解ですよね簡単に言い直すとこんな感じです

地震用語

震度：「揺れの大きさ」のこと。ひとつの地震に対して、値は場所によって変わります。地表の揺れを値化するので、発表より大きく揺らされる高層階にいるときは注意

震度
マグニチュード

マグニチュード：「地震の大きさ」のこと。ひとつの地震に対して、ひとつの値しかありません。マグニチュードが「1」上がると、地震の規模が約32倍も大きくなります

内陸型（直下型）地震：震源が陸地の下にある地震。マグニチュードは比較的小さいけれど揺れは大きいことが多いです

内陸型
海溝型

海溝型地震：震源が海の下にある地震。大きな地震になることが少なくなく、津波を引き起こす可能性があります

例えば…

福島県沖を震源とするマグニチュード7.3の海溝型地震で、東京で震度4を観測しました。震源の深さは57kmでした

「震源の深さ」は、内陸型、海溝型ともに標高0mから数えます。浅ければ局所的に揺れが強く、深ければ弱くなるが広範囲に及ぶ傾向にあります

いや〜、もし、同じマグニチュードで内陸型地震、震源が10km程度で浅かったらと思うと、それはそれでゾッとするなぁ……

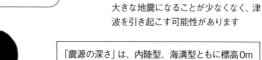

水害・その他の用語

洪水
河川の水が「増水、または溢れる」こと。「河川の水」であるのがポイント。溢れていなくても、異常に増水した状態にも使われます

氾濫
「溢れた水が広範囲に広がる」こと。河川に限らず、マンホールなどから溢れる水にも使います。水が、通常ない場所に急速に広がっているイメージ

浸水
「水に浸かる」こと。なにか物体が、完全にではなく水に浸かっている状態。水が、通常ない場所に侵入するイメージ

土石流
大雨、台風などの際に土砂と水が一体となって川や沢を流れ下ること。車ほどの岩や、なぎ倒された木なども一緒に流れてくることもあります

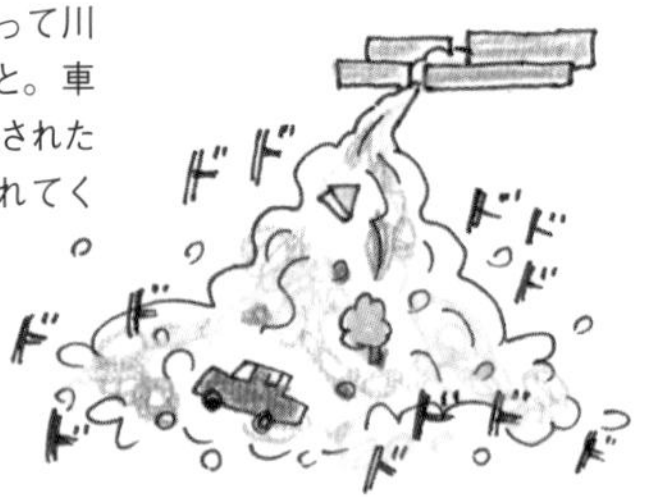

火砕流

時速!!
100km

噴火した際、高温の火山ガスと溶岩の破片が山の斜面を焼きながら一気に駆け下りる現象。時速100kmを越えることも

そして、私がもっとも難解で伝わってこないなあと思うのが「災害警戒レベル」です
なんか自分事に聞こえない…
同じレベルでもハザードエリア内外で取るべき初動が違うから解釈の助けとして次頁の表をつくりました

警戒レベルとは？

おもに、水に関わる気象（台風、大雨、大雪…）の際に出される、避難行動の指針です。しかし、災害になるまでの時間猶予があるため、つい傍観してしまいがちなのが難。子供や高齢者など、避難に時間がかかる家族がいる場合は、ためらわず早め早めの避難行動を！

警戒レベル 1

早期注意情報

報道例

台風が近づいています。明日夕方に沖縄県に到達する可能性があります

取るべき行動

- 気象情報に留意
- 備品の確認
- 買い出し

警戒レベル 2

注意報、注意情報

報道例

秋雨前線の影響により、大雨注意報が出されました

取るべき行動

- 気象情報を注視
- ハザードマップの確認

警戒レベル 3

警報、警戒情報

報道例

〇〇川が警戒水位に近づきました。1時間に50㎜以上の雨が降っています

取るべき行動

ハザードエリア内にいる
→避難する準備、早期避難開始

ハザードエリア外にいる
→避難する準備、不安なら避難開始

警戒レベル 4

特別警報、危険情報、避難勧告、避難指示

報道例

〇〇市全域に高潮警報、氾濫危険情報が出されました

取るべき行動

ハザードエリア内にいる
→避難完了

ハザードエリア外にいる
→おうち避難準備完了、もしくは避難完了

警戒レベル 5

災害発生情報

報道例

〇〇川が決壊しました。

取るべき行動

- 命を守る！

前頁の表に示した行動も
ハザードの種類や
現在地の地勢
発表時の時間帯
誰といるかによって
それぞれ状況が異なるので
一概にはくくれません
だから——
「私は」「我が家」は
この警戒レベル・
警報が出たら
避難する！と
決めてしまいましょう
そのほうが
絶対に気がラクです
ニュースを観ながら
判断に迷っている間にも
危険は近づいてきます

Check!

MY警戒レベル

避難基準を決めて、家族間で共有しておきましょう！

＿＿＿＿＿＿＿＿＿＿＿＿＿＿＿＿が出たら避難準備！

＿＿＿＿＿＿＿＿＿＿＿＿＿＿＿＿が出たら避難開始！

note＿＿＿＿＿＿＿＿＿＿＿＿＿＿＿＿

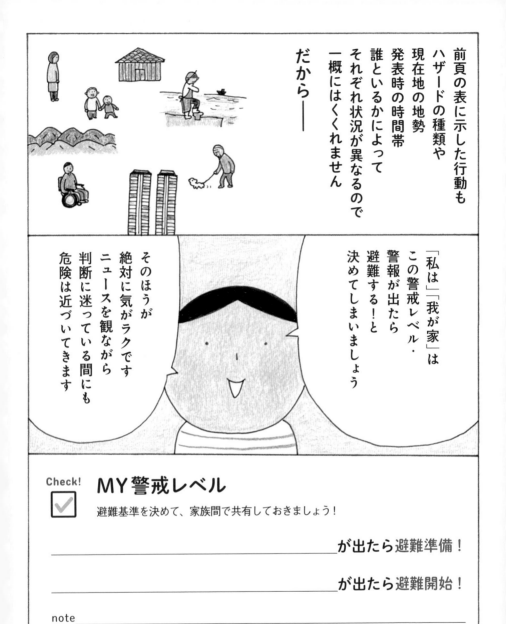

次は実際に避難するときに必要なものを見ていきましょう
すぐ用意できるものだけでもまとめてみてください
実はなんと次頁の「非常持ち出しセット」をつくったら登山に行けるよ！
ほぼ共通グッズ

あればヘルメット（もしくは帽子）

建物が倒壊するような大災害時にはゴーグルもあると役立ちます

ウェア→P80,81

時間があれば清潔なもので一新してから避難しましょう。上下とも動きやすく、締め付けが少ない服がおすすめです

トレッキングポール（ストック）

軽くて伸縮するものがおすすめ。ガレキや浸水した場所を歩く際にバランスが取りやすくなります

靴と靴下

靴はしっかりとしたつくりで防水性があるものがベター。スニーカーやゴム長靴でもいいですが、ソールが固いものを選びましょう

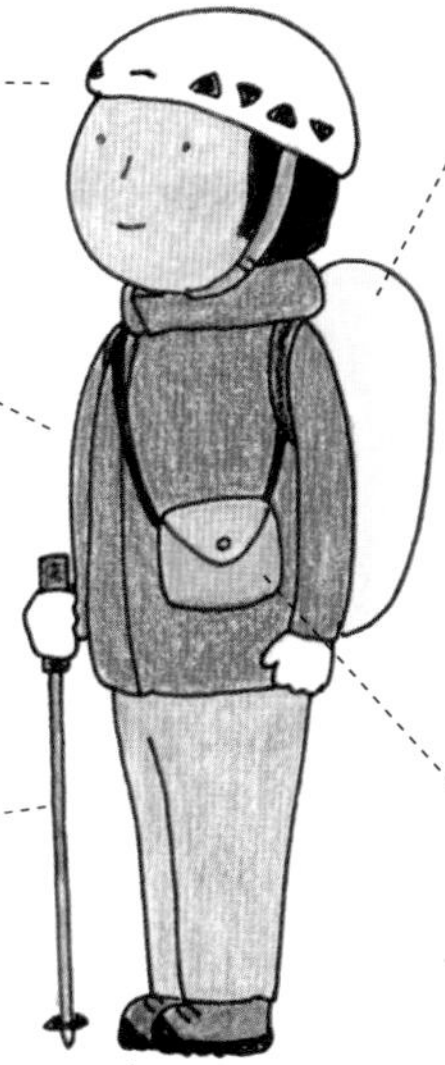

避難袋

背負えるリュックサック型一択。両手が空く利点のほかに、足元がわるい避難経路でもバランスが取りやすく、歩く速度に関わってきます。登山用なら、人間工学的に設計されていて、しっかり背負えば重いものも軽く感じます。重量は10kg、力自慢でも15kg以内におさめておくのが無難です

貴重品

お財布、身分証明書、スマホ程度の最低限の貴重品はポシェット型のバッグに分けて、肌身離さず持つようにします。ポシェットが大きいと歩くときに邪魔になるので、なるべく厳選しコンパクトに。もし揺れて困るようなら服の内側にかけるといいでしょう

アウトドア的避難スタイル

非常持ち出しセット・基本リスト

- ☑ ヘッドライト
- ☑ モバイルバッテリー
- ☑ 乾電池
- ☑ コップ
- ☑ カトラリー
- ☑ ライター／マッチ
- ☑ トイレットペーパー
- ☑ ウェットティッシュ
- ☑ 携帯トイレ
- ☑ ポリ袋（大）
- ☑ 手ぬぐい／薄手のタオル
- ☑ 歯磨きセット
- ☑ 基礎化粧品
- ☑ 手鏡
- ☑ ヘアゴム
- ☑ 常備薬
- ☑ 除菌シート／消毒液
- ☑ マスク
- ☑ パンティライナー
- ☑ 生理用品
- ☑ カイロ／冷却シート
- ☑ 耳栓
- ☑ 軍手／手袋
- ☑ 筆記用具（ノート・消しゴム付きシャープペン・ボールペン）
- ☑ 油性マジック
- ☑ 布製テープ
- ☑ 小型ナイフ／ハサミ
- ☑ ホイッスル
- ☑ 眼鏡／コンタクトレンズ
- ☑ 貴重品（現金・クレジットカード・身分証明書・スマホ）
- ☑ 重要書類（生命保険等の証券、家の権利証など）
- ☑ 防寒着（セーターやフリースジャケット、ダウンジャケットなど1枚。夏でも必要）
- ☑ レインウェア上下
- ☑ 長袖Tシャツ／半袖Tシャツ（～3枚）
- ☑ インナー上下（～2枚）
- ☑ 室内着のようなゆるい服上下
- ☑ 下着（～2セット）
- ☑ 靴下（～2足）
- ☑ 室内履き
- ☑ 折り畳み傘
- ☑ 飲料水　1～2ℓ
- ☑ 非常食（そのまま食べられるもの）
- ☑ マット（座布団サイズでもOK）

同居人がいても、基本セットは分担せずに各自1セットずつ用意しておきましょう

非常持ち出しセット・あると便利なもの

- ☑ ソーラーランタン
- ☑ ラジオ
- ☑ 文庫本／ポケット判アナログゲーム
- ☑ 携帯コンロ・鍋
- ☑ カッティングボード
- ☑ ジッパー付きポリ袋
- ☑ ラップフィルム
- ☑ 保温ポット
- ☑ 新聞紙
- ☑ 細いロープ／荷物紐（4〜6mほど）
- ☑ レジャーシート
- ☑ ビニール手袋
- ☑ メイク落としシート／洗顔シート
- ☑ 目薬
- ☑ ドライシャンプー
- ☑ アイマスク
- ☑ ハンドクリーム
- ☑ 粉末のスポーツドリンク／経口補水液
- ☑ インスタント飲料（コーヒー、お茶、味噌汁）
- ☑ テント
- ☑ 寝袋
- ☑ ゴム製のサンダル

これで避難所の外でも泊まれるよ

MYグッズ

あなたにとっての必需品を記入しましょう

避難袋はいつでも取り出しやすいところに置いておきましょう。玄関や寝室がおすすめ！

- ☑
- ☑
- ☑
- ☑
- ☑
- ☑
- ☑
- ☑
- ☑

おうち以外の備えリスト

【車】

大雪のため道路上で立往生なんてことも。レジャーでの大渋滞にも有効

- ☑ ライト
- ☑ モバイルバッテリー
- ☑ 飲料水（いつも持って乗車する習慣を）
- ☑ 食料
  （スナック菓子など比較的高温保存に強そうなもの）
- ☑ 毛布／寝袋
- ☑ 防寒着
  （ダウンジャケットやフリースジャケット、大判ストールなど）
- ☑ レインウェア上下
  （透明ビニールカッパでもいいので、一組あるとよい）
- ☑ 眼鏡／コンタクトレンズ
- ☑ 携帯トイレ
- ☑ 透けないポリ袋
  （携帯トイレ使用時にかぶって目隠しに）
- ☑ ティッシュペーパー／トイレットペーパー
- ☑ 新聞紙
- ☑ ライター／マッチ
- ☑ スコップ
  （角スコより剣先のほうが汎用性あり）
- ☑ バール
  （車がない方も、おうちにあると心強い）

【職場・学校など】

共用備蓄があっても、個人で置いておきたいグッズ

- ☑ ライト
- ☑ モバイルバッテリー
  （つねにハブにして充電）
- ☑ 防寒着
  （ダウンジャケットやフリースジャケット、大判ストールなど）
- ☑ レインウェア上下
  （透明ビニールカッパでもいい）
- ☑ ズボン
  （スカートで通勤通学している場合）
- ☑ 飲料水
  （ローリングストックしながら最低1ℓをキープ）
- ☑ 眼鏡／コンタクトレンズ
- ☑ サブザック（薄手の簡易リュックサック）
- ☑ 長時間歩ける丈夫な靴
- ☑ 厚めの靴下

人によっては職場や学校、一日の半分をおうちの外で過ごしているかもしれません。被災時に「そこで夜を明かす」「そこから徒歩でおうちに帰る」ことを想定して、足りないものを足しておきましょう

外出時に持っておきたい防災グッズリスト

もう少し持てそうなら…
どれか1つでも
プラスしたいグッズ

☑ 透けないポリ袋（大）
（いざというときのアウトドアトイレの目隠し、雨や寒いときにかぶるなど…使い方は工夫次第）

☑ ウィンドブレーカー

☑ 防寒着／ストール

☑ 眼鏡／コンタクトレンズ

☑ 手ぬぐい／大判バンダナ

☑ ウェットシート／除菌シート

☑ 予備マスク

☑ 携帯トイレ

なくても死なないけど、
持ってて「よかった！」と
思えるグッズ

☑ 薬用のリップクリーム

☑ 歯ブラシ

☑ 日焼け止め

☑ まゆ毛を描くやつ

☑ アロマオイル

☑ 家族や友人の写真

☑

☑

☑

【最小限の防災グッズ】

☑ ライト（ミニサイズでOK）

☑ ホイッスル

☑ モバイルバッテリー
（1～2回充電できるものでもOK。電池なしの乾電池式充電器なら軽い）

☑ 飲料
（ジュースでいいので持ち歩いて）

☑ おやつ

☑ 小銭・テレカ

☑ 緊急連絡先のメモ

通勤中や通学中、旅行中にも何があるかわかりません。そんなこと言っていたらキリがないのですが、いつも持ち歩くものに、ほんの小さなアイテムを追加するだけで、大きな防災になります。これからは、これらをバッグの中の定番セットの一員として、どこに行くにも連れて行ってほしいな

避難準備には、こうした時間が含まれます。だからこそ「避難を早めに判断」しましょう

おうちから避難するときのToDo

おうちから避難する場合、やっておくことがあります。
もちろん、津波警報など一刻を争うときは避難を優先してください

避難前のToDo

☑ 水道の蛇口を確認する

水道の蛇口が閉まっているか確認しましょう。洗濯機、庭の水道が開いている場合が多いので注意！余裕があれば元栓も閉めてください

☑ トイレ対策

水害時は便器のなかに水嚢を置き、逆流からの溢れを防ぎます。停電・断水・断ガスが復旧した際もいきなり流れて事故になる場合があります。水嚢は大きくて丈夫なポリ袋に、風呂水やトイレのタンクの水などを入れて作ります

☑ 避難先を紙に書いて、玄関ドア等に貼っておく

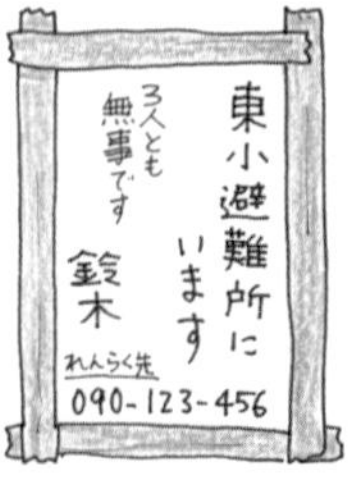
東小避難所にいます
3人とも無事です
鈴木
れんらく先
090-123-456

留守中のおうちに事故があったときなどの連絡に必要です。安否確認に訪れた友人や自治体職員のためにも避難先だけでも貼り出しましょう

☑ ガス栓を閉める

閉

余裕があればメーターの元栓も締めましょう。メーター元栓は震度5以上で自動的に閉栓します

☑ コンセントを抜く

停電していなくても、コンセントをできる限り抜きましょう。停電していたら、必ず電気のブレーカーをおとすこと。避難後に停電が予測できる場合も、ブレーカーをおとしていったほうが安全です

☑ おうちが被害に遭った場合は、写真を撮って記録する

行政からの支援、保険金を請求するために必要な「罹災証明書」を発行するときに写真が必要になります。くまなくたくさん撮っておきましょう。もちろん避難優先!帰宅してからでもOKです

☑ カーテンを閉める

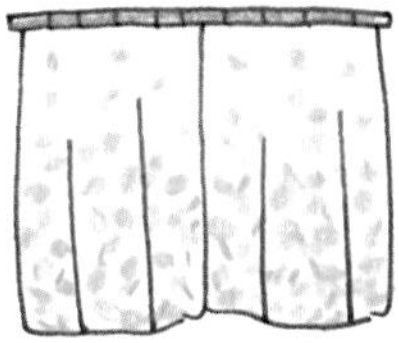

突風などで窓ガラスが割れた時の飛散を軽減します

☑ 窓・玄関・すべて戸締り

ふとどき者がいる!!
ニヒヒ

実に腹ただしいことですが、火事場泥棒被害が多発します!

避難時の注意

外出中の同居人を待たない

きっと、あの子は急いでこっちに帰ってきてるはず…

平時に防災計画会議をして、各自避難を徹底すること!

POST
おばあちゃんちに行きます みき

大っぴらにしたくない避難先や伝達事項は同居人と所定の場所を決めて残していこう

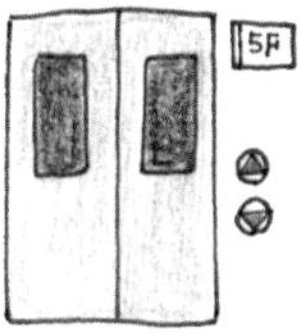
5F

エレベーターが動いていても、できるだけ使わない

乗っている途中で一瞬でも閉じ込められたらこわい…

あれもこれもあれもこれも～!!

物への執着を捨てる

持っていきたい物、守りたい物がたくさんあると思いますが、とりあえず何も持たずとも「命」だけ持って避難すればそれで◎!

電気やガス、水道などの
復帰操作は
慎重に行いましょう

おうちに戻ってからのToDo

避難先からおうちに戻ってきたときにすることをご紹介します。
帰宅に安心せず、まずは点検作業を行います

☑ 異常があれば、手を付ける前に写真や動画で記録する

REC

写真や動画での被害記録があれば、罹災証明書の発行や窃盗届けを出すときの助けになります。また、何かしら異常があった場合は開栓せず、各設備会社に連絡しましょう

☑ 水道蛇口をゆっくり開栓

ゴボッ
ゴボッ

断水明けは、管に入った空気も一緒に出るため水が暴れます。はじめの水は濁っていることが多いので透明になるまで流し切りましょう。トイレも初回は優しく流して

☑ 家の様子を確認する

OK!
OK!
?

電気、ガス、水道…。すべての元栓を開ける前に家の様子、ガス設備やコンセント周辺、水回りを目視で確認しましょう。匂いも注意。屋外の室外機や煙突などの給排気設備も必ず目視で確認を

☑ コンセントを抜いたままブレーカーを上げる

ON

いきなり電流が流れて火災になる「通電火災」を防止するため、コンセントを全て抜いてからブレーカーを戻すのが鉄則

☑ ガスメーターの復帰操作と元栓の開栓

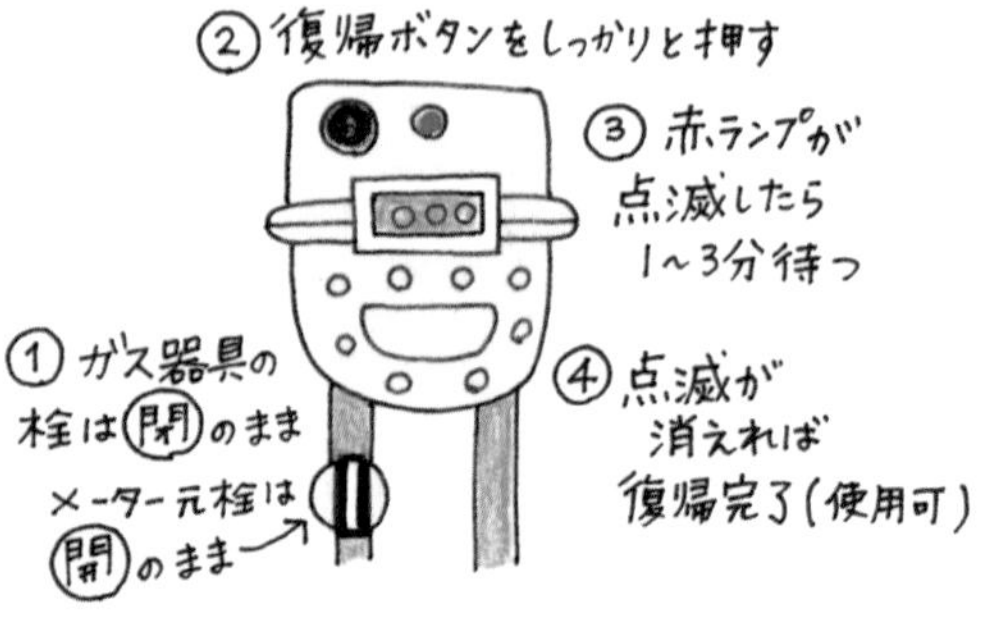

②復帰ボタンをしっかりと押す
③赤ランプが点滅したら1～3分待つ
①ガス器具の栓は閉のまま
メーター元栓は開のまま
④点滅が消えれば復帰完了（使用可）

ガスは震度5以上の揺れで自動的に停止します。元栓の開栓前にメーターを確認しましょう。PLガスの場合は、ボンベの傾きや接続部分を念入りにチェック。ガス漏れによる火災予防に、開栓してもすぐには点火せず、換気扇も間をおいて使用すること

「在宅避難」の備えと「おうちの外への避難」の備え この両輪で防災は動き出します
キャンプも「おうちの外の実践」は「おうちでの準備」なしには成り立たないと思っています
この本をここまで読んだだけでも両方の準備運動になっているはずです
チャレンジ完了した人はおうちに足りなかった防災を補いつつ「キャンプ」の経験を積んでいってもらえたら!
「知識」が「その時」に使えるかは個人差があります
でも——
「経験」は裏切らない
「防災」の経験がキャンプに「キャンプ」の経験が防災に
ペタ
キャンプ
ペタ
防災
ヨイショッと
相乗効果です

結びつかないような2つのワードですけどよく似ているんですよね
置かれる状況とグッズの共通点はこの本でご紹介したとおりですが
私がもっとも深い共通点だと思っているのは…
自然に身を預けて過ごすアウトドア時間にはたとえそこが管理されたキャンプ場だったとしても日常とは別の危険があります
事前にその「危険」を想定し自ら「備える」――
このキャンプに行く人が当たり前にしている心構え…
これって防災そのもの
ですよね！

もうね
ここはイコールでも
いいんじゃないかって
個人的には思うくらい
防災
キャンプ
＝
その方々
そんなに楽しげなのに
防災になっているって
気づいてます？
いやむしろ
掛けてもいいですよ
掛けちゃいましょう
×
防災
×
キャンプ
どうだっ
わっしょい！
かんじっ
さあて
「おうち防災チャレンジ」が
完了したみなさん
キャンプを始めましょうか
ぐっ
あなたはすでに
「おうちキャンプ」以上の
チャレンジ済み
そして
「防災」の視点も
もっています
できる！
できる！

災害はあなたの防災力が上がるのを待っていてはくれません避難行動と同様後回しは禁物です
そんなこと頭ではわかっているけどなかなかできないものですよね〜
だって目下の日常のほうが大変ですもん
だからこそキャンプです
防災力アップ以前に日常の大変さをキャンプの大変さで忘れさせてくれますよ
あ いい意味で。ですよ?
キャンプって楽しいだけじゃないから楽しいんです
大変なことがあっても自力で回避して対処して日常生活に生還する
そんな喜びや満足感がアウトドアにはあります
ただいまー

避難生活も
日常生活に戻るのが
最大の目的です
「助かるため」に
防災することは
当然なんですけど
本当の意義は
「守るため」なんじゃ
ないかなと思うんです
大事なもの
大事なこと
そうでもないもの
そうでもないこと
それをみんなが
守れますように
願わくば
国民全員が
キャンプできる人に…
みなさんで
わたしの願い
叶えてください♥
ナム～
ぜひ～

おわりに

「二兎追うものは一兎も得ず」なんてことわざがありますが、「アウトドア」と「防災」はどちらか一兎を追っても、なぜだか二兎得られてしまいます。

理想をいえば、このチャレンジ後に並行して二兎追ってほしいところですが、興味の湧いたどちらかだけ追っかけていってもらっても構いません。さもすれば、もしこの先あなたが、被災することがあっても、または急にアウトドアに行くことになっても、追いかけていなかったほうのウサギも助けてくれるはずです。

今後なにも起きないのがいちばんいいですが、そうとも言っていられないのが昨今の災害シミュレーションです。案じ過ぎるのもからだに毒なので、楽しみながら防災することと、日常的な習慣にするのがいいのではと思っています。チャレンジのなかの幾つか、些細なことでいいので、どうぞ定期的に続けてみてください。

それから今回、紙の本に直接肉筆での記入式にこだわったのは、私が自分の避難生活で電力がなくても読める本やノートに励まされたからです。この本があなたの「そのとき」に一助になれたら幸いです。

そんな私の要望を叶えてくれた、エクスナレッジの久保さん、デザイナーの菅谷真理子さん、ありがとうございました。長丁場となったぶん、完成した安堵はひとしおです。この場を借りてお礼申し上げます。

年間になんど聞くかわからない災害情報や避難指示ですが、慣れてしまわずに自分で毎回考えて行動したいものです。幸い胆振東部地震以来大きな災害には見舞われていませんが、もし今後アウトドアで危機に直面したときに「大丈夫だろう」と「大丈夫じゃないかもしれない」で迷ったら、「大丈夫じゃない」ほうを選んで慎重な判断をしようとは常日頃から考えています。

みなさんの避難活動、およびアウトドア活動も安全第一でよろしくお願いします。なんかあったら泣いちゃいます。

読んでくださって、チャンレンジしてくださって、防災してくれてありがとうございました。

令和5年（兎年）1月14日　札幌の自室にて

鈴木みき

Profile

鈴木みき（すずき・みき）

1972年東京生まれ。イラストレーター・執筆家・防災士。24歳の頃に1年間を過ごしたカナダ生活をきっかけに山に目覚める。以来、山小屋のアルバイトや山雑誌での読者モデルを経て、イラストレーターに。SNSや自らの登山経験を描いたコミックエッセイなどを通じて山の楽しさや気持ちよさを伝えている。また、「登山初心者から経験者まで一緒に楽しめる」登山同行ツアーの企画・同行や講演など活動は幅広い。『鈴木みきの休日ふらり山旅計画』（エクスナレッジ）、『登山式DE 防災習慣』（講談社）、『悩んだときは山に行け！』（平凡社）など著書多数。2017年から北海道札幌市在住。2018年の北海道胆振東部地震での在宅避難経験を機に、防災士資格を取得。

キャンプ気分ではじめる

おうち防災
チャレンジBOOK

2023年3月2日　初版第1刷発行
2023年9月22日　　第2刷発行

発行者　澤井聖一

発行所　株式会社エクスナレッジ
〒106-0032　東京都港区六本木7-2-26
https://www.xknowledge.co.jp/

問合先　編集 Tel:03-3403-1381
Fax:03-3403-1345
info@xknowledge.co.jp
販売 Tel:03-3403-1321
Fax:03-3403-1829

自分と家族の連絡先

自分や家族、身近な人の連絡先や大切な情報をまとめておくと
いざという時に役立ちます！

氏名

電話番号

メールアドレス

生年月日

血液型

氏名

電話番号

メールアドレス

生年月日

血液型

氏名

電話番号

メールアドレス

生年月日

血液型

氏名

電話番号

メールアドレス

生年月日

血液型